教師版

有生命的漢字
部件意義化識字教材

李雪娥 主編

李雪娥、高佩茹、陳曉依、陳雅嬿
陳寶玉、陳凱玫、劉至瑜、劉蘋誼 著

作者簡介

- **李雪娥**，退休國小老師
  【主編】 國立嘉義大學教育學系 博士研究生
  （特殊教育課程與教學領域）

- **高佩茹**，臺北慈濟醫院 語言治療師

- **陳曉依**，曉依語言治療所 所長

- **陳雅嬿**，埔里基督教醫院心理健康中心 語言學習評量員

- **陳寶玉**，埔里基督教醫院心理健康中心 語言治療師

- **陳凱玫**，中山醫學大學語言治療與聽力學系 助理教授

- **劉至瑜**，南投縣竹山國中 特教教師

- **劉蘋誼**，臺中市東平國小 特教教師

目次

主編的話

　　自從知道第一個孩子有讀寫困難開始，便無時無刻的想著如何讓孩子識字，進而引導他們進入文字的國度，享受閱讀的樂趣。這十幾年來的嘗試發現，不管是字族文教學、形聲字教學、基本字帶字教學、中文一般字彙知識教學、部首歸類與聲旁歸類教學、部件教學，以及意義識字教學等都可看到部分成效，但所受到侷限也不小。在長期陪伴孩子識字補救教學過程中，我兼容並蓄的運用上述的策略，卻發現孩子的識字程度常常進三退二的，所以我質疑，所用的教學策略一定少了些什麼，孩子的識字才看不到顯著的進展？什麼是關鍵性的策略呢？這樣的教學疑問與窘況，直到發現了漢字構形特性分析對於孩子識字的助益，這盲點才得以解除。

　　當年的教學疑問與窘況是：例如孩子書寫「臂」字時，雖然知道是牆壁的「壁」去「土」加「肉」部，但腦中卻浮現不出「辟」的字形；在意義識字教學中也發現相同的問題：「愧」是心裡有鬼，所以有心有鬼，但基本的問題是：「鬼」怎麼寫？所以我察覺了有些字只靠這些教學法並不能讓孩子寫出字形來。另外，「澆水」的「澆」與水有關，但跟「堯」有什麼關係？或細分跟「土」、「土」、「土」、「兀」的關聯在哪兒呢？這似乎是孩子可不可以記住字形的主要關鍵。依教學過程的觀察，我逐漸體悟到字的辨識及字形的書寫需要有一個媒介讓孩子記住或回想，於是促使我探訪「漢字構形之分析」，進而研究漢字構形演變規律如何幫助孩子識字。

　　2008 年想脫離教學困境的我，在嘗遍各教學策略之後提出「部件意義化識字教學法」，之後又在探訪漢字構形之分析過程中，體悟將漢字特有的形、音、義連結關係（特殊中文字彙知識）融入部件意義化識字教學中，以說明各個部件構成整字的理由與根據，並編個構形理據故事讓孩子的腦中出現文字的情境，最後讓學生說出來或畫出來，再轉換成楷書筆畫，這應該是個好方法。而在實驗教學後也獲得驗證，部件意義化識字教學法對讀寫障礙學生在讀寫方面具學習成效和維持成效，能提升讀寫障礙學生認讀能力和分辨字義能力。

　　大多數人以為六書是六種預設的造字法則，但我更認同是文字發展的過

程，「王筠以六書之法授與四、五歲小兒以識二千字，而云非難事」，足以證明六書便於教學識字之功。有人或許譏笑都什麼時代了，還用這麼古老的方式教孩子讀寫字，但現行的生字教學要求學生在課後以無數遍的重複讀寫來習得該字，這似乎也不見得高明到哪兒去，而且使得漢字的教與學都成為枯燥無味的苦差事。如果我們探究及善用古人的智慧，將「漢字構形之分析」和「漢字構形演變規律」揉入現在的識字教學中，這才符合漢字科學呢！或許也就是讀寫困難的解套之策。

雖然有了部件意義化識字教學法，但短時間要讓教師接受此教學法，需先彌補教師漢字文字學可能不足之處，於是邀集了對教學極有熱情的夥伴們編輯了《有生命的漢字：部件意義化識字教材》（教師版及學生版），讓教學者更容易、也願意嘗試此教學方法。

目前政府因應十二年國教實施，為了提升所有學習成就低落學生的能力，正大力的實行補救教學。補救教學要有成效不是只靠不斷練習及考試，而是需要不同方式、不同步驟去教學，個人認為此教學法及教材對於低成就孩子的識字一定大有幫助，歡迎試圖改變的教學者使用之，也希望能獲得良好的成效。

李雪娥

本教材的使用方法

　　本教材編輯分成兩本：教師版和學生版。為使本書在使用時可以發揮最大的效益，建議老師和家長在使用前可以先參考本教材的使用方法，以利在未來應用上更為得心應手。以下針對部件意義化識字教材的設計重點及如何使用這本書加以說明。

一、教師版

　　本書類似老師的教學手冊，每一篇的內容項目都具備：

1. 各時期整字及部件演化對照表，如下：

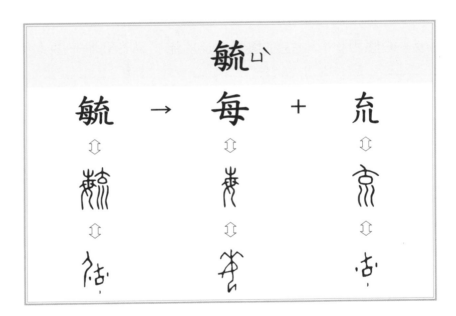

　　現在的漢字和甲骨文排在一起，非專業人員無法找出各字古今形體的對應關係，因為他們的差異實在太大，但如果將某字各時期的變體都排列出來，其傳承關係還是十分明顯的。這張表格所呈現的字形有楷書、小篆和金文或甲骨文，可以提供教學者在講述時做個對照說明。

2. 文字的說明：內容包括分析目標字的組成部件，並說明解構後的各部件形體是從哪些實物描繪演變過來的，或文字初始設計本義為何。我們試圖揣摩古人是如何善用各組成部件來呈現出相關事物間的關聯性，然後

融入人們對客觀的物體有所認知後的聯想。這樣的文字說明可以提供字形與字義之間的一種相關聯結，讓學習者理解文字演變的來龍去脈，並進一步了解部件的意義及構字的規則。

3. 構形理據故事：漢字的構形理據是指漢字構形的理論與依據，而構形理據故事是將文字本身的部件意義線索或記憶線索用一小段情境故事串連起來，並設法將字音也融入故事中。這樣設計有助於學童記憶中文字的部件意義化教學內容。（當學童邊說字的故事，也就將整字寫出，處理了想不出字形或漏部件的問題，也解決字的形—音、形—義對應困難及字的再生困難等問題。）

二、學生版

　　功能與習作相似，目的在檢視學生是否記得教學內容，也提供精熟練習的機會，但多採用「說」和「畫」的方式來呈現所學，較少用書寫方式練習。

　　「學生版」的應用也有一些注意事項及功能，以下列舉一些案例做說明：

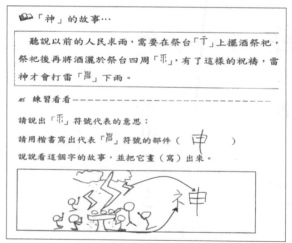

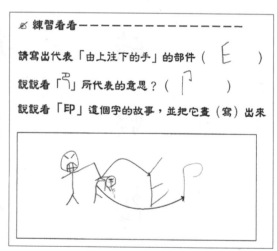

1. 當教學者指導學生畫出構形理據故事情境時，最好請學生一邊說故事一邊畫。畫好之後可以請學生做圖畫和部件的連結標註，如上面的圖，不管是直接描摹客觀存在之物的象形字（部件），或是需要融入人們的經驗與聯想曲折會意而成的會意字（部件），都需要用圖畫表現出來。

2. 當然，最後還是要求寫出完整的楷書，若此時遺漏了部件或少了部分筆畫，教師可以引導學生用構形理據故事檢視一番並修改。如下圖中的「暖」字少了一撇，便可以提醒學生：古人以三指代表五指，那你寫了

幾指呢？或是「傑」字裡的「牛」忘記怎麼寫了，這樣的書寫問題都可
以在重述部件形體演變及所呈現的信息之說明中獲得解決。

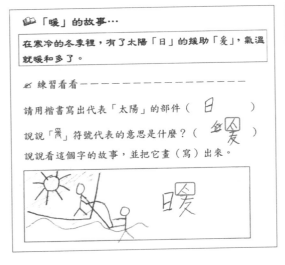

3. 要盡量鼓勵學生把構形理據故事情境畫出來，不管是單一畫面或連續事
件的圖示（如下圖）皆可，但有些學生會因為缺乏自信而推說不會畫，
那就退而求其次先用說的，但在往後的教學活動中還是不要放棄的持續
鼓勵學生畫出來。經過教學觀察，畫出來和說出來能檢視其學習效果，
也較容易達到長期記憶。

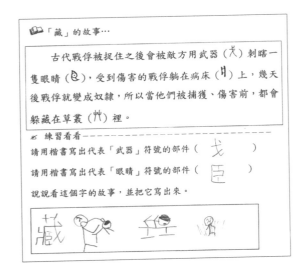

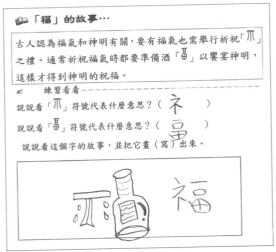

三、教案與應用

除上述所介紹的本教材之設計重點，以下提供一些教案及實用情況給予教
學者參考：

1. 若教師採分散式識字教學（普通班），教學方式不必有太大的改變，可依照原方式進行教學，只需將生字教學模式稍作調整，以漢字構形分析及構形理據的講述來代替空書仿寫即可，之後再以本教材學生版檢視學生是否習得教學內容並提供精熟練習機會，回家作業也可以用畫出文字情境或邊說文字故事邊寫出國字的方式來替代書寫多遍的精熟練習。

範例教案如下：

單元名稱：探索與發現：臺灣昆蟲知己——李淳陽	教學來源：康軒版第八冊第九課
教學對象：四年級	教學資源：康軒版四下國語課本、部件意義化識字教材、電腦、單槍、圖畫紙
教學時間：一節	教學設計者：李雪娥

教學目標	一、B-2-2-10-11 能正確記取聆聽內容的細節與要點。 二、E-2-5-7-2 能應用組織結構的知識（如：順序、因果、對比關係）閱讀。 三、D-2-1-3-2 能利用簡易的六書原則，輔助認字，理解字義。 四、D-3-1-3-2 能利用部首或六書概念，輔助識字。 五、C-1-1-4-9 能夠說出目標字的組成部件及所呈現的信息，並運用於書寫上。 六、E-1-5 能利用圖書館檢索資料，增進自學的能力。		

教學目標	教學活動	教學資源	時間分配
B-2-2-10-11	一、朗讀課文： 　1. 聆聽教學 CD 朗讀。 　2. 學生輪流朗讀。 　3. 指導朗讀技巧。 　4. 說出段落大意。	課本 教學 CD	10 分鐘
E-2-5-7-2	二、閱讀理解： 　1. 老師提問。 　2. 習寫習作 p. 65。	電子書	5 分鐘
D-2-1-3-2	三、部件意義化識字教學： 「播」的構形特性分析： 　1. 介紹「扌」、「釆」、「田」部件的形體演變及所呈現的信息。 　2. 以構形理據故事說明整字中各部件之間彼此的意義關聯。 　3. 精熟練習：說說「扌」、「釆」、「田」所代表的意思，並以楷書形式寫出來。	漢字構形資料庫	20 分鐘

教學目標	教學活動	教學資源	時間分配
D-3-1-3-2	「協」的構形特性分析： 　1. 介紹「十」、「劦」部件的形體演變及所呈現的信息。 　2. 以構形理據故事說明整字中各部件之間彼此的意義關聯。 　3. 精熟練習：說說「十」、「劦」所代表的意思，並以楷書形式寫出來。	彩色筆	
C-1-1-4-9	「弄」的構形特性分析： 　1. 介紹「王」、「廾」部件的形體演變及所呈現的信息。 　2. 以構形理據故事說明整字中各部件之間彼此的意義關聯。 　3. 精熟練習：說說「王」、「廾」所代表的意思，並以楷書形式寫出來。 「受」的構形特性分析： 　1. 介紹「爫」、「又」部件的形體演變及所呈現的信息。 　2. 以構形理據故事說明整字中各部件之間彼此的意義關聯。 　3. 精熟練習：說說「爫」、「又」所代表的意思，並以楷書形式寫出來。 「授」的構形特性分析： 　1. 介紹「扌」、「爫」、「又」部件的形體演變及所呈現的信息。 　2. 以構形理據故事說明整字中各部件之間彼此的意義關聯。 　3. 精熟練習：說說「扌」、「爫」、「又」所代表的意思，並以楷書形式寫出來。 　4. 比較「授」、「受」的異同及關聯性。		5 分鐘
E-1-5	四、補充閱讀： 　1. 自然課本 p. 66 法布爾的故事。 　2. 圖書室相關書籍查詢。		5 分鐘
	五、回家作業：根據構形理據故事畫出文字的情境，並以楷書形式寫出整字。		

2. 若教師採集中式識字教學（資源班），則以識字補救教學的活動來進行。教學簡案及教學注意事項說明如下：

單元名稱：單元一、二	教學內容：部件意義化識字教材
教學對象：三年級	教學資源：翰林版三下國語課本、部件意義化識字教材、電腦、彩虹筆、圖畫紙
教學時間：二節	教學設計者：李雪娥
教學目標	一、學習六個目標字及相關部件之構形由來：降、醫、潔、晨、後、福。 二、學習目標字構形部件的分解及組合。 三、能將「降、醫、潔、晨、後、福」等字分解出其構形部件。 四、能夠說出目標字的組成部件及所呈現的信息，並運用於書寫上。 五、能夠說出目標字之構形理據故事內容。 六、能讀寫目標字。

教學活動	教學說明
〈第一節〉 一、引起動機（一）：倉頡造字故事 https://www.youtube.com/watch?v=4rAj8qoj6PI	一、欣賞此段影片並經過引導，可以讓學生了解文字是記錄語言的書寫符號體系，由簡單的象形文字開始。
二、引起動機（二）：漢字的動畫 https://www.youtube.com/watch?v=RxWCAnaKjds	二、看完影片後老師要向學生點出「漢字屬於表意文字，是具有故事性」之特性。
三、認識部首和部件： 1. 學習「漢字構形」的拆解與合成：說明部件的意義。 2. 練習用色塊區分漢字的部件。 3. 玩一玩漢字的部件拆解與合成。	三、認識部首和部件： 1. 一般學生只知道「部首」這個名稱，並不知道什麼叫做「部件」。可用「部首以外的文字組件，叫做部件」來幫助記憶這個陌生名詞。 2. 經過這項活動讓學生知道漢字像疊疊樂一樣可以拆解和組成。 3. 提供大字卡給學生拆解，第一次可以用剪刀剪，第二次之後用不同顏色色筆圈出區分即可。
四、基本常見部件認識。	四、介紹簡單的象形文字，並讓學生知道複雜的表意文字是以簡單的象形文字為構形基礎，它們多數是由兩個或兩個以上簡單的象形文字組合而成。

教學活動	教學說明
五、「降」的構形特性分析： 1. 介紹「阝」、「夂」、「牛」部件的形體演變及所呈現的信息。 2. 以構形理據故事說明整字中各部件之間彼此的意義關聯。 3. 精熟練習（一）：說說「阝」、「夂」、「牛」所代表的意思。 4. 精熟練習（二）：說說「降」的構形理據故事，並將情景畫出來，且以楷書形式寫出來。	五、「降」的構形特性分析： 1. 一般學生都知道「左阜右邑」，但「阜」是什麼意思，卻少有人知。當教學者展示「阝」是「阜」的古字時，相信學生還無法意會其疊巒的山坡涵義，接著說明其原形為「𨸏」，學生必然恍然大悟。 2. 當說明「㐄」時要強調代表雙腳的古文「屮」是向下的，代表行走的方向。 3. 此篇可以在文字演化對照表上根據大姆趾的位置區分出右腳（夂）或左腳（牛）。
六、精熟基本常見部件認識。	六、複習基本常見部件認識是為了在課程結束前，引導學生將剛剛在課堂上所接觸的新名詞、新事物回想一遍。 <div align="center">第一節完</div>
〈第二節〉 一、複習「降」的構形理據故事。	一、提起舊經驗。
二、「醫」的構形特性分析： 1. 玩一玩「醫」的部件拆解與合成。 2. 介紹「酉」、「殳」、「矢」、「匸」部件的形體演變及所呈現的信息。 3. 以構形理據故事說明整字中各部件之間彼此的意義關聯。 4. 精熟練習（一）：說說「酉」、「殳」、「矢」、「匸」所代表的意思。 5. 精熟練習（二）：說說「醫」的構形理據故事，並將情景畫出來，且以楷書形式寫出整字。	二、「醫」字的興趣引導，以關公刮骨療傷故事最為恰當。簡易的故事為： 關公中了敵軍的毒箭，由華佗這位名醫用麻沸散麻醉做外科手術，成功的治療關公的箭傷。 其中「酉」代表所用的醫療藥酒，「殳」為手拿著醫療工具，「矢」是致傷的毒箭，「匸」是裝醫療器物的櫃子或方框。 其實「匸」就是框子的意思，不管是竹「筐」、木「框」、眼「眶」都可見到蹤跡。所以部件的意義是可以類推到其他字體上。

15

教學活動	教學說明
三、「潔」的構形特性分析： 1. 玩一玩「潔」的部件拆解與合成。 2. 介紹「氵」、「丰」、「刀」、「糸」部件的形體演變及所呈現的信息。 3. 以構形理據故事說明整字中各部件之間彼此的意義關聯。 4. 精熟練習（一）：說說「潔」的構形理據故事，並將情景畫出來，且以楷書形式寫出整字。 5. 精熟練習（二）：說說「氵」、「丰」、「刀」、「糸」所代表的意思。	三、當指導學生畫出構形理據故事情境時，最好請學生一邊說故事一邊畫和寫。畫好之後可以請學生做圖畫和部件的連結標註。當然最後還是要求完整的楷書，若此時遺漏部件，教師可以引導學生用構形理據故事檢視一番。如下圖呈現： 請用楷書寫出代表「氵」符號的部件（ ）。 請用楷書寫出代表「糸」符號的部件（ ）。 請用楷書寫出代表「刀」符號的部件（ ）。 說說看這個字的故事，並把它寫出來。 
四、「晨」的構形特性分析： 1. 玩一玩「晨」的部件拆解與合成。 2. 介紹「臼」、「辰」部件的形體演變及所呈現的信息。 3. 以構形理據故事說明整字中各部件之間彼此的意義關聯。 4. 精熟練習（一）：說說「晨」的構形理據故事，並將情景畫出來，並以楷書形式寫出整字。 5. 精熟練習（二）：說說「臼」、「辰」所代表的意思。	四、「晨」字如紅色標註，上面的「日」字初始創意並不是太陽，而是代表雙手的「臼」，如果解釋成太陽或許與早晨很容易連結但對代表大貝殼的「辰」部件卻不容易找到連結關係。「辰」字是由實物描繪演變過來，所以需要做字體和實物的對照，如「辰」→「辰」→「貝」。
五、「後」的構形特性分析： 1. 玩一玩「後」的部件拆解與合成。 2. 介紹「彳」、「幺」、「夂」部件的形體演變及所呈現的信息。 3. 以構形理據故事說明整字中各部件之間彼此的意義關聯。 4. 精熟練習（一）：說說「後」的構形理據故事，並將情景畫出來，且以楷書形式寫出整字。 5. 精熟練習（二）：說說「彳」、「幺」、「夂」所代表的意思。	五、一個複雜的表意文字是以簡單的象形文字為構形基礎，它們多數是由兩個或兩個以上簡單的象形文字組合而成。但要進行組合前，大多部件要減省，如代表四通八達通道的「┿」減省後成「彳」紅色標註部分；代表一縷縷絲線的「糸」減省了下面的垂絲只剩下「幺」。

教學活動	教學說明
六、「福」的構形特性分析： 1. 玩一玩「福」的部件拆解與合成。 2. 介紹「示」、「畐」部件的形體演變及所呈現的信息。 3. 以構形理據故事說明整字中各部件之間彼此的意義關聯。 4. 精熟練習（一）：說說「福」的構形理據故事，並將情景畫出來，且以楷書形式寫出整字。 5. 精熟練習（二）：說說「示」、「畐」所代表的意思。	六、「畐」字是由實物描繪演變過來，所以需要做字體和實物的對照，如「畐」→「𦈢」，進一步的古文線條與筆畫的對應說明可以幫助記憶。如「𦈢」是酒甕的腹部，「𦈢」是酒甕的瓶頸，「𦈢」是酒甕口的蓋子。
七、文字再生大挑戰： 1. 呈現前六個字的部件卡及其組合出來的字，學生逐一唸出來或說出部件所代表的意義。 2. 寫出上列呈現的字。 唸錯或不會唸的字，再一次運用部件意義化識字法，結合字音與字形，並運用於書寫上。	七、為了讓學習更精熟，需要不斷提供複習的機會，除了可將教過的字在閱讀活動上運用之外，也可以設計識字桌遊，學生一邊玩樂一邊複習。

3. 若是家長想根據繪本進行識字教學，以下也提供一篇「老鼠和獅子」文本作範例，以及其相關教案和執行教學時的注意事項說明。

老鼠和獅子

有一天，獅子縮在毛茸茸的毛大衣裡靜靜的睡覺。

一隻老鼠在獅子身上跑來跑去，還在牠的身旁拉屎、拉尿。老鼠不小心踩到獅子的尾巴，這舉動終於把獅子吵醒了。獅子很生氣的舉起爪子把老鼠抓了起來，並放進嘴裡，想一口吃掉。

這時老鼠大叫：「喔！高貴的國王，對不起！這一次就原諒我吧！說不定什麼時候，我可以報答您呢？」獅子聽到老鼠這麼說，覺得好笑，不過牠還是把爪子鬆開，放走這因驚嚇過度、雙腿無力，成了死屍般的老鼠。

雙週過後的一個下午，獅子不小心掉進了獵人所設的陷阱，獵人想要活捉獅子，並將獵獲的獅子獻給國王，他們先把獅子綁在一棵高大的喬木樹上，然後去找車子來載獅子。這時候，老鼠剛好經過這裡，見到獅子被綁住了，趕忙上前用牙齒把繩子咬斷，放走了獅子。老鼠向獅子道別之前高興的說：「你看，我說的沒錯吧！」

識讀字：

毛 (p.5)、隻 (p.56)、來 (p.203)、屎 (p.4)、尿 (p.3)、尾 (p.5)、爪 (p.40)、抓 (p.40)、高 (p.156)、走 (p.69)、雙 (p.57)、死 (p.9)、屍 (p.8)、後 (p.80)、陷 (p.245)、獲 (p.58)、獻 (p.213)、喬 (p.158)、經 (p.128)、見 (p.14)、斷 (p.252)

「老鼠和獅子」文本教學簡案如下：

單元名稱：老鼠和獅子	教學內容：部件意義化識字教材
教學對象：讀寫困難學生	教學資源：部件意義化識字教材、電腦、彩色筆
教學時間：二節	教學設計者：李雪娥

教學目標	一、能夠知道漢字的演變。 二、能指認出什麼是部件和部首。 三、能夠操作學習目標字構形部件的分解及組合。 四、能夠認識六個學習目標字及相關部件之構形由來的意義：尿、尾、屎、隻、雙、抓。 五、能說出或畫出構形理據故事中的文字情境。 六、能夠說出目標字的組成部件及所呈現的信息，並運用於書寫上。

教學活動	教學資源	時間分配
〈第一節〉		
一、引起動機（一）：倉頡造字故事 https://www.youtube.com/watch?v=4rAj8qoj6PI		5 分鐘
二、引起動機（二）：漢字的動畫 https://www.youtube.com/watch?v= RxWCAnaKjds	電腦	5 分鐘
三、認識部首和部件： 　1. 學習「漢字構形」的拆解與合成：說明部件的意義。 　2. 練習用色塊區分漢字的部件。 　3. 玩一玩漢字的部件拆解與合成。	字卡 粉蠟筆 部件卡	15 分鐘
四、基本常見部件認識。		5 分鐘
五、有趣的漢字：尸的字群（尿、尾、屎）		5 分鐘
六、閱讀： 　1. 共讀短文，使其對故事中的字詞更為熟悉。 　2. 找尋教學目標字： 　　(1)朗讀「老鼠和獅子」文本。 　　(2)「老鼠和獅子」克漏字測驗。 第一節完	PPT 字卡 電腦	5 分鐘 5 分鐘
〈第二節〉 七、「尿」的構形特性分析： 　1. 用色塊區分漢字的部件。 　2. 介紹「尸」、「水」部件的形體演變及所呈現的信息。 　3. 以構形理據故事說明整字中各部件之間彼此的意義關聯。	部件卡 粉蠟筆	5 分鐘

教學活動	教學資源	時間分配
4. 精熟練習（一）：說說「尿」的構形理據故事，並將情景畫出來，且以楷書形式寫出來。 5. 精熟練習（二）：說說「尸」、「水」所代表的意思。	字卡	
八、「尾」的構形特性分析： 1. 用色塊區分漢字的部件。 2. 介紹「尸」、「毛」部件的形體演變及所呈現的信息。 3. 以構形理據故事說明整字中各部件之間彼此的意義關聯。 4. 精熟練習（一）：說說「尾」的構形理據故事，並將情景畫出來，且以楷書形式寫出來。 5. 精熟練習（二）：說說「尸」、「毛」所代表的意思。	部件卡 粉蠟筆 字卡	5 分鐘
九、「屎」的構形特性分析： 1. 用色塊區分漢字的部件。 2. 介紹「尸」、「米」部件的形體演變及所呈現的信息。 3. 以構形理據故事說明整字中各部件之間彼此的意義關聯。 4. 精熟練習（一）：說說「屎」的構形理據故事，並將情景畫出來，且以楷書形式寫出來。 5. 精熟練習（二）：說說「尸」、「米」所代表的意思。	部件卡 粉蠟筆 字卡	5 分鐘
十、「隻」的構形特性分析： 1. 用色塊區分漢字的部件。 2. 介紹「隹」、「又」部件的形體演變及所呈現的信息。 3. 以構形理據故事說明整字中各部件之間彼此的意義關聯。 4. 精熟練習（一）：說說「隻」的構形理據故事，並將情景畫出來，且以楷書形式寫出來。 5. 精熟練習（二）：說說「隹」、「又」所代表的意思。	部件卡 粉蠟筆 字卡	5 分鐘
十一、「雙」的構形特性分析： 1. 用色塊區分漢字的部件。 2. 介紹「隹」、「又」部件的形體演變及所呈現的信息。 3. 以構形理據故事說明整字中各部件之間彼此的意義關聯。	部件卡 粉蠟筆	5 分鐘

教學活動	教學資源	時間分配
4. 精熟練習（一）：說說「雙」的構形理據故事，並將情景畫出來，且以楷書形式寫出來。 5. 精熟練習（二）：說說「隹」、「又」所代表的意思。	字卡	
十二、「抓」的構形特性分析： 1. 玩一玩「抓」的部件拆解與合成。 2. 介紹「扌」、「爪」部件的形體演變及所呈現的信息。 3. 以構形理據故事說明整字中各部件之間彼此的意義關聯。 4. 精熟練習（一）：說說「抓」的構形理據故事，並將情景畫出來，且以楷書形式寫出來。 5. 精熟練習（二）：說說「扌」、「爪」所代表的意思。	部件卡 粉蠟筆 字卡	5 分鐘
十三、文字再生大挑戰： 1. 呈現前六個字的部件卡及其組合出來的字，學生逐一唸出來或說出部件所代表的意義。 2. 寫出上列呈現的字。 3. 唸錯或不會唸的字，再一次運用部件意義化識字法，結合字音與字型，並運用於書寫上。	部件卡	10 分鐘

執行教學時的注意事項說明：

1. 「老鼠和獅子」教學活動設計在此呈現前二節，第一節的教學活動著重在引起動機，讀寫困難的孩子常對文字具有某種程度的恐懼，對識字活動或多或少感到厭惡及懼怕。所以欣賞影片除了可以緩解情緒外，經過教學者引導，在「倉頡造字故事」影片中可以讓學生了解：文字是記錄語言的書寫符號體系，要由簡單的象形文字開始。欣賞第二篇「漢字的動畫」影片之同時，教學者可以向學生點出「漢字屬於表意文字，是具有故事性」之特性。這樣學生應該會感受此識字教學活動的特殊及趣味之處，也可以感受漢字其實是有故事、有生命的。

2. 在進行活動「三、認識部首和部件」之時，教學者要注意到，一般學生只知道「部首」這個名稱，並不知道什麼叫做「部件」。可用「部首以外的文字組件，叫做部件」來幫助記憶這個陌生名詞。經過這項活動讓學生知道漢字像疊疊樂一樣可以拆解和組成。所以此次識字活動是將整

字拆解成若干個部件，熟悉部件的意義之後再依構字規則組合起來，最後用構形理據故事去連貫儲存。另外，在提供大字卡給學生拆解時，第一次可以用剪刀剪，第二次之後用不同顏色色筆圈出區分較適宜，這樣可以精簡教學時間。

3. 在「四、基本常見部件認識」的教學活動中，主要是介紹簡單且基礎的象形文字，並讓學生知道複雜的表意文字是以簡單的象形文字為構形基礎，多數合體字是由兩個或兩個以上簡單的象形文字組合而成。

4. 在「五、有趣的漢字」的教學活動中，先呈現屎、尿、尾等字古文（危、尹、米）讓學生猜猜看，學生對於身體屁股及從屁股排出的東西這些議題很感興趣，是進入部件意義化識字教學的極佳敲門磚。

在第一節教學活動中，最後要進行的是共讀短文教學活動，此活動除了使學生對故事中的字詞更為熟悉外，最主要目的還在於找尋之後的教學目標字（學生無法讀寫的字）。

5. 第二節之後的教學活動便是開始進行目標字的部件意義化識字教學，經過第一節教學活動中找出了教學目標字，之後便可參考「教師版」中的說明進行教學。當然，為了讓學習效果穩固，需要不斷的提供複習的機會，除了可將教過的字在閱讀活動上活用之外，也可以設計識字桌遊，讓學生一邊玩樂一邊複習。

經過以上的使用方法說明，希望能對初次使用此教材執行部件意義化識字教學的老師有所助益，說明中所設計的不同教學教案謹供使用者參考，如果讀者在使用上還有疑問，請來信賜教。E-mail：latae0624@gmail.com

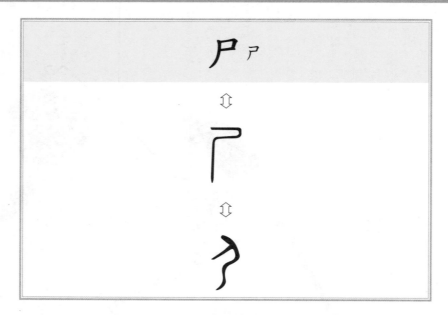

「尸」的解說

「⁊」是「尸」的古文，像是個彎曲著身體而躺臥的人；又，當人熟睡不動時，乍看之下的確與死人相似，所以尸的初始字義是指死人的身體，後來泛指一般的身體。尸的字體演變從「⁊」到「⁊」，最後成為現今楷書中的「尸」。其中「⁊」上的手變成楷書中的一豎「尸」，而其他的頭、身體部位則成了「尸」。

「尸」的用法

「尸」的本義是屍體，凡由「尸」部件所組成的字，大多與「人的身體」或「臀部」有關。

2

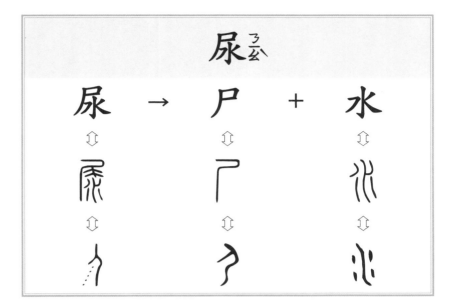

「尿」的解說

「 ⼷ 」是「尿」的古字，由「⼷」和「⺎」組成。

「⼷」指的是一個面向左邊，曲身彎腿側睡的人形，後來泛指人身體的各種形態。「⺎」是河流中水彎曲流動的紋路，以水的波紋代表流水的樣子。

從「⼷」的符號中可看到，在人體前面有水滴狀的東西排出，古人以此意象表示人體喝下水後排出尿液的情景。又，人形「⼷」下方的「⼷」水滴被後人用水流「⺎」來替代，且在「⼷」的人形上多加了尾巴的符號成「尿」，以此強調在人體的臀部位置排出的水就是「尿液」。

「尿」的故事

人體（⼷）喝下很多水（⺎）之後，會很想上廁所尿尿（⼷）。

3

屎 ㄕˇ

屎 → 尸 + 米

↕ ↕ ↕

(古文屎) (古文尸) (古文米)

↕ ↕ ↕

(古文) (古文) (古文)

「屎」的解說

「」是「屎」的古文，由「」和「」組成。

「」是個曲身彎體而臥的人，楷書後演變成「尸」。比「」更早的古文是「」，是稻穗梗上布滿穀粒的樣子；「」文中間是指稻穗梗，古人常以三代表多數，故在其上下各加三點表示在梗上有很多穀粒，而穀粒是米粒的前身，後來字體演變為「」→「米」。

「」的意象就是從人體臀部排出顆粒狀的東西，意指人吃米飯消化後排出的排泄物，就是「屎」。

「屎」的故事

人在吃完米飯消化吸收後的殘餘，會變成屎（），當喝水不足時，辛苦的曲身彎體（）蹲很久才能拉出來一些米粒狀（）的屎（）便。

4

尾〻

尾　→　尸　＋　毛

$\updownarrow$　　　$\updownarrow$　　　$\updownarrow$

（古文尾）　　（古文尸）　　（古文毛）

$\updownarrow$　　　$\updownarrow$　　　$\updownarrow$

（更古文尾）　（更古文尸）　（更古文毛）

 「尾」的解說

　　「尾」是「尾」的古文，由「尸」和「毛」組成。

　　「尸」是個曲身彎體而臥的人，楷書後演變成「尸」。比「毛」更早的古文是「毛」，是毛的意思。

　　「尾」下方的毛「尾」是「毛」的倒置，像「毛」這種形態的尾巴屬已經長在動物身體上的，可能是因為地心引力的關係，大部分時間是下垂的，如「毛」；但當這個尾巴往上舉時，毛是往上的，如「毛」，因此毛單獨出現時，一支一支的毛是往上舉，變成符號時就成為「毛」，楷化後就成了「毛」。

　　「尾」的意象是：在人的屁股後面長出的條狀尾巴而且這尾巴長滿了毛。

 「尾」的故事

　　聽說早期的人和猿及猴子長得很相似，都有像人一樣的身體（尸），也都有尾巴，但現在只有猴子還保留尾（尾）巴。猴子屁股尾端那個長條狀而且長了很多毛（毛）的，就是尾巴了。

5

屁ㄆㄧˋ

屁 → 尸 ＋ 比

「屁」的解說

「屁」為「屁」的古文，由「尸」及「川」組成。

「尸」的古文為「𠂤」，字體演變為「𠂤」→「厂」→「尸」。「𠂤」是一個面向左邊，彎曲身體的人，後來泛指人的身體，尤其是人的臀部。

「𠑹」是「比」的古文，明顯可見臉朝右、側身並立的二人，因為兩個人靠得很近，很像屁股靠很近的模樣，因此有靠近、親密、並列的意思。屁股是身體臀部那緊緊挨在一起的兩團肉，所以屁股的「屁」由代表身體（𠂤）臀部的「尸」，和體現出相鄰、相近（𠑹）的「比」所組成。因此身體臀部相鄰、相近的肉塊就稱為「屁股」。

「屁」的故事

前面的人彎曲身體（𠂤）蹲著，對後面的人而言，可以看見前面的人身體下面，有兩塊相鄰並列（𠑹）的肉塊，那就是他的「屁股」。

6

屈 ㄑㄩ

屈 → 尸 + 出

屈 ⇕

⇕ (古文字形)

尸 ⇕

⇕ (古文字形)

出 ⇕

⇕ (古文字形)

「屈」的解說

「屈」是「屈」的古文，由「尸」加上「出」組成。

「尸」是「尸」的古文，代表人身體彎曲的意象，「屈」古文的上半部是凸顯出曲屈的身子在臀部。而「出」是「出」的古文，二者組成後的涵義是：正要走出地穴屈曲身體的樣子；古人以地穴式的建築作為居住的地方，也就是半穴居，因為地穴所處位置與空間比較低矮，所以必須彎著身體進出住所。

「出」由「凵」加上「止」所組成，代表人從「地面下的洞穴」往外走出去。「止」是人的腳掌，「止」朝向穴外，表示要走出去。腳掌字形的演變為「 」→「 」→「 」。

「屈」的故事

古代人住在地穴（凵）式建築物裡，必須屈（屈）著身子（尸）才能走出（出）地穴屋，對現代人而言，古代地穴屋的生活形態是十分不方便的。

7

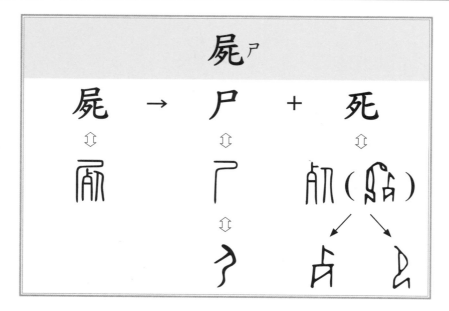

「屍」的解說

「𡰥」是「屍」的古文，由「𠃛」和「𠨂」組成。

比「𠃛」更早的古文為「𠂸」，係指人死後曲體而臥的樣子，後人將「尸」慣用於部件時，便加個「死」來體現「屍體」就是死去的人體。

「𠨂」是「𠨂」更早的古文，都是死的意思，由「𠂢」和「𠧀」組成。其中「𠧀」代表枯骨，「𠂢」代表頭低低、悲傷的人。故「屍」係指一個人面對一具枯骨。其中，人的姿態是呈跪姿狀而且頭沉沉的垂下，從形體上不難感受到他的頹喪與悲傷，也就是說這個人面對死亡後的親人枯骨是那麼悲傷，古人造字便以此景象體現「死」字的涵義。

「屍」的故事

屍（𡰥）體就是死（𠨂）掉的人的身體（𠃛），日子久了，當人（𠤎）面對一堆殘骨（𠧀）之後，才會驚覺親人真的死（𠨂）亡了。

死ㄙˇ

死 → 歺 + ヒ

⇕   ⇕   ⇕

「死」的解說

「𦭰」是「𣦵」更早的古文，都是「死」的意思。由「𠤎」和「占」組成，係指一個人面對一具枯骨，其中，人的姿態是呈跪姿狀而且頭沉沉的垂下，從形體上不難感受到他的頹喪與悲傷，也就是說這個人面對死亡後的親人枯骨是那麼悲傷，古人便以此景象體現「死」字的涵義。

「占」是「歺」的古文，「占」上半部是骨節相連處，是指上面連結的骨蓋不見了，而「占」下半部則像有裂痕的殘骨，故「占」的意思為枯骨殘破不全，代表沒有血肉的殘骨。

「𠤎」原本是側身跪坐的人，從另一個形象「𠤎」可以看到頭低低、悲傷的人。楷化後成了「ヒ」。

「死」的故事

親人死（𦭰）亡的事實，很多人一時是無法接受的，要等過了一段時日，當人（𠤎）面對墳墓裡的一堆殘骨（占）之後，才會驚覺親人真的死（𦭰）亡了。

1

儿 回ㄖ乚

儿

ㄕ

ㄕ

ㄧ

「儿」的解說

「ㄕ」、「ㄕ」、「ㄧ」是「儿」不同時期的古文，是一個面朝左，伸長手臂幾乎觸地，平背曲膝彎腿的人體形態，這樣的姿勢有如起跑預備動作，後來泛指有手有腳的人體。

其中「ㄕ」紅線標註的部分即為幾乎觸地的手臂，「ㄕ」標註的部分是頭部及打平的背部，「ㄕ」是曲膝的腿部，楷化後拉直了線條，頭部及打平的背部也不見了，即成了「儿」。

「儿」的用法

「儿」的本義是有手有腳的人體，但今多不單獨使用，凡由以「儿」所組成的字，都與人體或人有關。

2

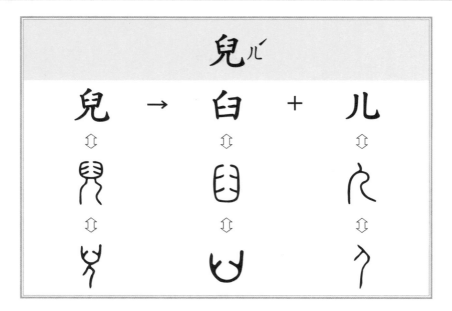

兒 儿

兒 → 白 ＋ 儿

「兒」的解說

「」是「兒」的古文，由「」和「」組成。

「」特別強調嬰兒的頭部形狀。「」是臉向左、側身彎曲站立的人，這個「」上面頂著一個很大的頭（），這個大頭有個很明顯的特徵：頭頂是開放的。古人觀察嬰兒和成人的不同，發現最大的差異在頭部：嬰兒的頭頂是軟軟的、頭骨還沒長完整，因此用嬰兒頭蓋骨沒有密合的特性來表示「」的涵義，說明「」代表嬰兒。

「兒」的故事

剛出生的嬰兒（），四肢和身體與成人（）長得很像，差別在嬰兒的頭蓋骨（）開開的，還沒有密合。

3

光 ㄍㄨㄤ

光 → 业 + 儿

「光」的解說

「」是「光」的古文，由「」和「」組成。

「」就像一個跪坐的人（）頭上有一把大火（）在照耀著，火在最接近眼睛的部位發光，當然是極為光明的，古人以此體現出「光」的涵義。後來又有將「光」引申為風光、光彩的意思，例如：光景、觀光、容光煥發。

「光」的上半部「业」是由「火」演變而來的，火的古字「」底下兩撇變成現在的「业」，如同人劈腿一樣被拉直了。

「光」的故事

在很暗的地方什麼都看不到，有個聰明的人（）舉了一個火把（）在自己的頭上，原本暗的地方就變得非常光（）亮，旁邊的東西也可以看得清清楚楚了。

4

見 ㄐㄧㄢˋ

見 → 目 ＋ 儿

「見」的解說

「見」是「見」的古文，由「目」和「儿」兩個部件組成。

「目」為「目」的古文，指的是眼睛，更早的古文為「◁」，是一個有眼眶及眼珠子的具象眼睛圖。後來，眼眶變成橫擺的長方形，且眼珠簡化成兩豎，所呈現文字符號為「目」，古人為方便書寫文字於竹簡上，只得把橫向文字豎立起來而成「目」。

「儿」為「儿」的古文，是一個臉向左、側身曲膝彎腿的人。「見」要凸顯的是人體的頂端，頭部有個大眼睛，眼睛是用來看事物的，所以「見」就是用眼睛看東西的意思。

「見」的故事

我們人（儿）類要見（見）到東西，一定得靠人體頭部的眼睛（目）幫忙才能看得見。

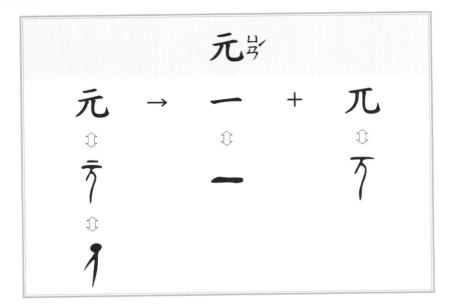

 「元」的解說

「兲」是「元」的古文，由「兀」和「一」所組成。

「兀」的原意是指人的頭頂，造字者在「兀」的上方再加上一橫（一），用來強調所指涉的部位，也就是人的頭部。因為這是身體部位的起頭，後引申為「開始」或是「第一」的意思，例如：元旦、狀元；此外，也可以引申為「群體的首領」，也就是元首。

 「元」的故事

國家的元（兲）首肩負重任，需要帶領著全體人民一起前進，這個位置就跟人的頭（兀）在身體上的功能一樣，所以也被稱作「頭頭」。

6

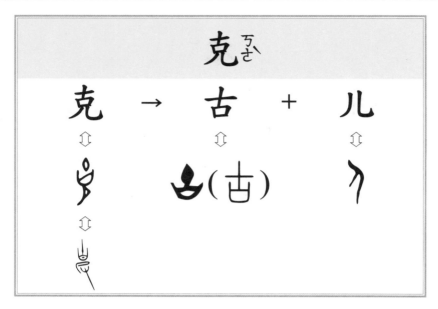

「克」的解說

　　「⿱」是「克」的古文，它是個象形字，「⿱」的上半部像人頭上戴著頭盔，字體由「⿱」演變成「古」。「⿱」的下半部是面朝左彎腰的人，如「⿰」，字體由「⿰」演變成「儿」。「克」又有一個更具象的古文「⿱」，有如頭戴盔甲、手持戈（武器）的武士形象。

　　「克」的本義就是勝利，表示頭戴盔甲、雄起起的武士能夠取得勝利，後來又從「能夠在戰場上取得勝利」引申為「能夠」，所以「克勤克儉」的詞彙，其中的「克」就是能夠的意思。

「克」的故事

　　士兵在打仗時，每個人（⿰）都手持著武器、頭戴頭盔（⿱）、穿好盔甲做好萬全防護，準備在打仗時能夠克（⿱）服眼前的關卡，贏得勝利。

競 ㄐㄧㄥˋ

競 → 竞 + 竞

「競」的解說

「羿」、「competition」都是「競」的古文，就像二個人並列著「競」，而且每個人頭上「兄」皆戴有刑刀（辛，武器），這是一場辛苦又激烈的生死競爭，且在不分上下的情況下才能顯現競爭的激烈。

「竞」由「辛」、「兄」組成，「辛」是「辛」的古文，是古時尖銳的刑刀，意味極為辛苦。而「兄」是「兄」的古文，在這裡指的是側身站立的人的身體及頭部。

「競」的故事

古代的人常常在武力上與別人競爭，每個勇士（兄）頭上都帶著刑刀（辛），兩個人肩並著肩，誰也不讓誰，真是個辛苦又激烈的競（競）爭啊！

兀ㄨˋ

兀 → 一 + 儿

「兀」的解說

「兀」是「兀」的古文，是一個象形字，由「一」和「儿」組成，而「兀」更早的古文是「儿」，是一個面朝左而側身站立的人，只是他的頭是平頂的。後來字體演變成「兀」，強調人體上端高且平的頭頂部位，字體楷化後成了「兀」，其中「儿」指有手有腳的人體，「一」強調高且平的頭頂部位，所以「兀」由此引申為突出高聳的意思，例如：兀立、突兀。

「兀」的故事

一個人（儿）把頭頂（一）的頭髮削得平平的，變得很突兀（兀）。

9

堯 ㄧㄠˊ

堯 → 垚 + 兀

⇕　　　⇕　　　⇕

（篆文 堯）　　（篆文 垚）　　（篆文 兀）

⇕　　　⇕　　　⇕

（古文 堯）　　（古文 垚）　　（古文 兀）

「堯」的解說

「（古文堯）」是「堯」的古文，由兩個「（古文土）」和「（古文兀）」組成。

「（古文土）」為「土」的古文，形如平地上高突之物。「土」本來就有「高」的涵義，又古人常以「三」代表多數，故三個土代表的是很多土，顯示很高、很高的土堆。

「（古文兀）」是個有高而平的頭部，且側身跪坐的人形，楷書後演變成「兀」，為突出高聳的意思。「（古文土）」本來就有「高」的意思，如果把土堆再架在人的頭之上，那更凸顯「高」的涵義。所以「堯」就有「高」的意思。

「堯」的故事

堯（（古文堯））帝是古代賢能的君主。他的德行高遠，不是一般人能達成的，他常常一個人（（古文兀））站在很多土堆疊的高處（垚），向人民說明做人做事的道理。

10

繞 ㄖㄠˋ

繞 → 糸 ＋ 堯

堯 → 垚 ＋ 兀

⇕　　　⇕　　　⇕

繞　　　糸　　　垚 ＋ 兀

⇕　　　⇕　　　⇕

繞　　　糸　　　堯

「繞」的解說

「繞」是「繞」的古文，由「糸」和「堯」組成。

「堯」是「堯」的甲骨文，隸化後成「堯」，就像一個跪坐的人，而其頭上（兀）有兩堆土（土）。「兀」意指人體上面高且平的頭頂部位。「土」是「土」的古文，形如平地上高突之物，本來就有「高」的意思，如果把土堆再架在人的頭之上，那更凸顯「高」的涵義。所以「堯」有「高」的意思。

「繞」為形聲字，但因「堯」有很高（堯）的意思，所以可以想作將絲線（糸）以紡磚纏繞無數回，最後達到像人的頭部（兀）一般的高度。

「繞」的故事

古時紡織總是先得整理絲線（糸），常常將絲線繞（繞）得比人的頭部還要高，就像頭上放置了土堆一樣高（堯）。

11

兄 ㄒㄩㄥ

兄 → 口 + 儿

兄 ⇕ ⇕ ⇕

⇕ ⇕ ⇕

 **「兄」的解說**

「兄」是「兄」的古文，為象形字，由兩個部件「凵」和「人」組成。

「凵」為「口」的古文，指的是嘴巴。「人」為「人」的古文，是一個臉向左、側身站立的人。所以「兄」表示人體上的嘴巴，本義為張口禱告的意思，但古時候可以代表家族說話或在祭祀時張嘴禱告唸祭文者，大多是家族中的兄長或輩分較高者，所以「兄」就被借用表示哥哥，「兄」長之意。

「兄」的故事

古時候最注重祭祀的禮節了，拜拜時一定要有人（人）張開嘴巴來禱告，感謝神明的保佑和祝福。念祭文時大多由兄（兄）長開口（凵）禱告，祈禱神明保佑子孫平安。

祝 ㄓㄨˋ

祝 → 礻 + 兄

「祝」的解說

「祝」是「祝」的古文，由兩個部件「示」和「兄」組成。

「示」為「礻」的古文，也寫作「示」，由「示」演變過來，其中的「冊」就是現在「示」下方的兩撇「示」。從「示」可以看出，祭桌的兩側有祭品掉落，又似祭酒滴落的樣子。在祭祀時，我們會求神問卜，請神明指引方向，故「示」在這裡指的是祭祀禱告。

「兄」、「兄」是「兄」的古文，本義為張口禱告，但古時候可以代表家族說話或在祭祀時張嘴禱告唸祭文者，大多是家族中的兄長或輩分較高者，所以「兄」就被借用表示哥哥，「兄」長之意。

當代表張口禱告涵義的「兄」被假借走後，古人只好在「兄」字加上祭祀禱告意義的「示」而成了「祝」。

「祝」的故事

祭祀（示）時由兄（兄）長開口說禱告詞，為家人帶來更多的祝（祝）福。

1

欠 ㄑㄧㄢˋ

⇕

⇕

「欠」的解說

「 　」是「欠」的古文，是張口散氣的樣子，就像是人在疲倦、精神不足時打呵欠，後來引申出「張口」、「不足」等意思。字體中含有「欠」部件的字大多與「呼氣」或「張口」有關。

時間的推移，篆文將口訛化為三縷氣（ 　）而成了「 　」，表示一個跪坐又張大嘴巴的人，組合時張著嘴的大頭（ 　）不見了，留下跪坐的人（ 　）並強調吐出的氣體（ 　）。

「欠」的故事

一個人跪坐（ 　）太久實在疲倦，精神不足時打呵欠（ 　），一定會把嘴巴張得大大的（ 　），然後向外吹氣（ 　）。

2

吹 ㄔㄨㄟ

吹 → 口 + 欠

「吹」的解說

「喝」是「吹」的古文，由「凵」和「ξ」組成。

「ξ」是「欠」的古文，是張口散氣的樣子，就像是人在疲倦、精神不足時打呵欠，後來引申為「張口」、「不足」等意思。字體中含有「欠」的部件者，大多與「呼氣」或「張口」有關。

「喝」，除了有一個跪坐又張大嘴巴的人（ξ）之外，又加了代表嘴巴的「凵」以增加與口的聯結。時間的推移，篆化後「喝」轉變成「咙」，張著嘴的大頭不見了，留下跪坐的人（ξ）並強調吐出的氣體（ξ）。

「吹」的故事

古人吹（咙）奏樂器，必先定位跪坐（ξ）著，然後再張口（凵）吐出平順的氣（ξ），如此便能吹出動人的曲音。

025

3

次 ㄘ

次 → 二 + 欠

次 ⇕
⇕

二

欠 ⇕
⇕

「次」的解說

「次」是「次」的古文，由「二」和「欠」組成。

在「欠」古文中，「彡」表示氣體，「人」是個側身站立的人，「二」是噴出的口水，組合起來即表示，一個人張大嘴打呵欠或打噴嚏、噴出口水的次級樣子。

「欠」、「欠」都是人張口散氣的樣子，就像人在疲倦精神不足時的打呵欠，後來引申為「張口」、「不足」等意思。

在「次」中，張口打噴嚏所噴出的口水，捨棄慣用的「水」，而以「二」表示，那是因為所噴出的口水為點狀少量與自然流出的口水不同，楷書「次」字中的「二」在這裡不代表冰的意思。

「次」的故事

打呵欠或打噴嚏時要摀住嘴巴，不然張開大嘴盡情的打呵欠（欠）或打噴嚏，甚至還噴出口水（二），實在不甚雅觀，是次（次）級的樣子。

026

4

次 ㄒㄧㄥˊ

次 → 氵 + 欠

「次」的解說

「㳄」是「次」的古文，由「氵」和「欠」組成。

「氵」演化自「水」，意指河流中水彎曲流動的紋路，古人以此引申為與水有關的事物。「欠」演化自「欠」，代表一個跪坐並張大嘴巴的人，加上代表氣體流動的「三」，就是張開嘴呵氣的意思，也就是「欠」。

古人用「氵」、「欠」這兩個部件組合起來，表示「一個人張大嘴流口水」的意思。不過「次」已經被「涎」所取代，單獨成字的情形很少，大多是和其他部件組合成不同的字，例如：「盜」和「羨」。

「次」的故事

小朋友看到喜歡吃的食物時，常常嘴巴張得大大的（欠），不知不覺的，口水（氵）也慢慢流了下來。

5

羨 ㄒㄧㄢˋ

羨　→　羊　+　次

⇕　　　⇕　　　⇕

(古文)　(古文)　(古文)

⇕　　　⇕

(羊頭)　(古文)

「羨」的解說

「羨」是「羨」的古文，由「羊」和「次」組成。

「羊頭」是「羊」的古文，一個羊頭的意寫，表現出羊最為重要的特徵
——羊角，後來文字演變成「羊」。

「次」是「次」的古文，由「水」和「欠」所組成。

「水」形像河流中水彎曲流動的紋路，在此指的是口水。「欠」代表一
個跪坐並張大嘴巴呵氣的人，「氣」代表氣體流動。

古人用「水」和「欠」這兩個部件組合起來的「次」，表示「一個跪
坐的人張大嘴流口水」的意思。

「次」+「羊」就成「羨」，意思是指看到別人吃鮮美的羊肉，心裡想
吃，就張開嘴巴流出口水來了，可見多羨慕呀！

「羨」的故事

古時候的人不容易吃到肉類食物，尤其是羊肉，當看到別人吃鮮美的
羊（羊）肉，心裡也想吃，就張開嘴巴流出口水（次）來了，真的非常羨
（羨）慕呀！

6

盜 ㄉㄠˋ

盜 → 皿 + 次

「盜」的解說

「盜」是「盜」的古文，由「皿」和「次」組成。

「皿」是「皿」的古文，像器皿中剖正視的樣子，其形上面像器容，下面像容器底座，篆化後寫作「皿」，多了兩側的提耳，但提耳和器身脫節，讓人看不出器皿的樣子。楷書作「皿」，兩側的提耳下垂和底器相連，更不容易看出原來的樣子。

「次」是「次」的古文，由「冫」和「欠」所組成。「冫」形像河流中水彎曲流動的紋路，在此指的是口水。「欠」代表一個跪坐並張大嘴巴呵氣的人，「彡」代表氣體流動。古人用「冫」和「欠」這兩個部件組合起來的「次」，表示「一個跪坐的人張大嘴流口水」的意思。

「次」+「皿」就成「盜」，意思就是指：看到別人擁有高級的器皿，就張口流口水起了貪念想占為己有，於是就將它偷盜了過來。

「盜」的故事

高級器皿不是人人都有，盜匪看到別人擁有高級的器皿（皿），就張口（欠）流口水（冫）起了貪念想占為己有，於是將它偷盜（盜）了過來。

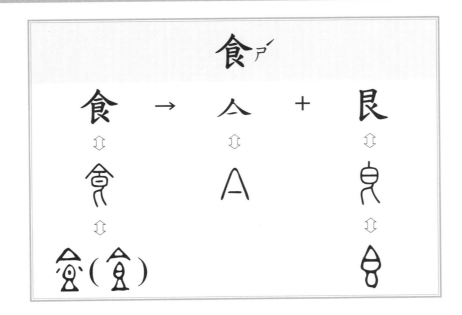

「食」的解說

「🍚」是「食」的古文，由「Ａ」和「🍚」組成。

「🍚」上方的「Ａ」代表飯桶的鍋蓋，下半部的「🍚」為「皀」的古文，表示飯桶，由「🍚」字形可觀察出最下方是飯桶的底座，中間為裝飯的容器，最上方尖尖的部分表示飯。「🍚」為「食」更早的甲骨文，正中間飯桶內有一點，代表飯桶裡有飯，飯桶旁邊有兩點代表飯的香氣，更具體傳神。所以「🍚」指有鍋蓋的飯桶，因古人主食為米飯，故「食」引申為與食物有關的意思，之後也成為部首而簡化為「食」，只要與食物或飲食有關的字多以「食」為部首。

「食」的字形演變為：「🍚」→「食」→「食」。

「食」的故事

古人的主食（🍚）為米飯，多將飯放在加蓋（Ａ）的飯桶（🍚）內食用。

2

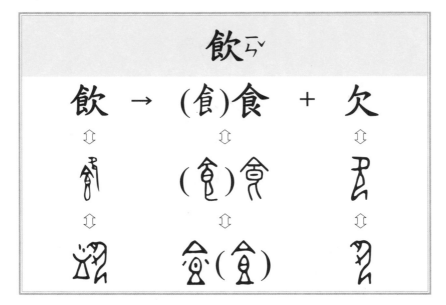

「飲」的解說

「食」是「食」的古文，由「人」和「皀」兩個部分組合而成，「人」是食器的蓋子，「皀」是盛食物的容器。「食」的甲骨文如「食」，是一個十足的象形文字，「食」就是裝滿著豐盛食物的食器，「食」兩旁的點，代表飯的香氣，故「食」引申為與食物有關的意思。

「飲」是「飲」的古文，由「酉」、「欠」組合而成，「酉」是個酒罈，而「欠」像一個人伸手欲拿酒罈，張口吐舌頭要吸吮的樣子，整體字義是飲酒的意思。楷化後酒罈用食器（食）的「食」來替代，人張大口的模樣就是「欠」。

「欠」的字形演變為：「欠」→「欠」→「欠」→「欠」。

「飲」的故事

飲（飲）酒就是要手（欠）拿著酒罈（酉），張大了嘴（欠）大口大口的喝下去，後來因為開口式的酒罈不衛生，改用有蓋食器（食）來替代。

即ㄐㄧˊ

$$即 \rightarrow 皀 + 卩$$

「即」的解說

「」是「即」的古文，由「」和「」組成。

「皀」（）跟「食」字很像，只是少了上面的蓋子，只剩下飯桶裡裝滿的飯（）以及飯桶的底座（）；「」是「卩」的古文，指一個臉朝左邊、彎腰跪坐的人。「」和「」組合在一起，就是一個人跪坐在蓆子上、臉面向飯鍋，準備進食。古人為了要體現抽象的「即將」之意，因此用「即將吃飯」的意象來表示，之後引申為「靠近」的抽象概念，如「若即若離」。

「即」（）與「既」（）的古文很相似，但兩者涵義是相反的，兩字差別在跪坐的人形：「即」（）是臉正向飯鍋、準備吃飯的樣子；「既」（）是背向飯鍋、張大嘴打飽嗝，表示進食完成結束了。

「即」的故事

一個跪坐的人（），面向左邊裝滿白米飯的飯鍋（），即（）將要吃飯了。

四 食

4

既 ㄐㄧˋ

既 → 艮 + 旡

「既」的解說

「𩟀」是「既」的古文，由「𩙿」和「旡」組成。

「艮」的古文（𩙿）跟「食」的古文（𩚛）很像，都是飯桶，只是少了上面的蓋子，剩下飯桶裝滿的飯（𩙿）以及飯桶的底座（𩙿）；「旡」是「旡」的古文，是一個跪坐的人，並且特別強調有個大頭，不但張大了嘴巴，而且頭轉向後方。「𩟀」指一個跪坐、張大嘴巴的人背對著飯鍋，表示這個人已經吃完飯了，正要離開，而且張大嘴打飽嗝。「𩟀」代表進食過程的結束，之後引申為「完成」的抽象概念。

「既」（𩟀）與「即」（即）很相似，但兩者涵義是相反的，兩字差別在跪坐的人形：「即」（即）是臉正向飯鍋、準備吃飯的樣子；「既」（𩟀）是背向飯鍋、張大嘴打飽嗝，表示進食完成結束了。

「既」的故事

既（𩟀）然那個跪坐的人（旡）都開始打飽嗝，而且也背對著飯鍋（𩙿）了，那就表示他已經吃飽囉！

1

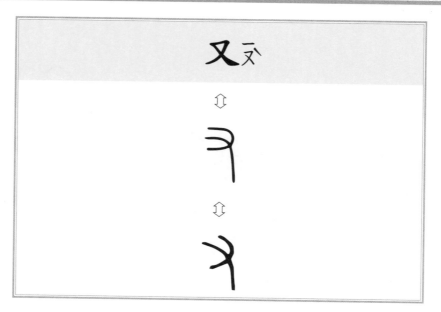

 「又」的解說

　　「㕛」是「又」的古文，「㕛」是手掌手指側面的形態，而右下方的「㕛」是指連接手掌的手臂，因此「㕛」、「㕛」都是右手的意思；後來，較為線條型的「㕛」中，將「㕛」最下方那一橫拉長（㕛），中間那一橫與代表手臂的一豎「㕛」拉為一條線（㕛），就變成現在的「又」了。「又」現在已經沒有「手」的意思，因為工作時，我們會一次又（㕛）一次的使用右手（㕛），才能把事情完成，所以被假借成「再一次」的意思。

「又」的用法

　　「又」成為一個部件，它所組合的合體字都有手的概念存在，代表右手。

　　現在的「又」已經沒有手的意思了，但當「又」成為一個部件，它所組合的合體字都有手的概念存在，代表右手。

2

友又

友 → ナ + 又

⇕　⇕　⇕

⇕　⇕　⇕

「友」的解說

「彐」是「友」的古文，由「彐」和「彐」組成。

「友」（彐）是兩隻方向相同的右手，表示志同道合。交朋友時，一見面都會禮貌性的握握手，表達友好之意。

「彐」上方的右手變成部件會寫成「ナ」，「」表示三隻手指頭；「ナ」表示延伸出來的手臂。「彐」下方的「彐」也是右手的意思，將「彐」最下方那一橫拉長（），中間那一橫與代表手臂的一豎「」拉為一條線（），就變成現在的「又」了。「又」現在已經沒有「手」的意思，被假借成「再一次」的意思，但如果「又」成為一個部件，它所組合的合體字都有手的概念存在，代表右手。

「友」的故事

交朋友時，一見面都會禮貌性的伸出自己的右手（彐）跟對方握手（彐），表達友（彐）好之意。

投 ㄊㄡˊ

投 → 扌 + 殳

「投」的解說

「投」是「投」的古文，由「扌」和「殳」二個部件組成。

「扌」是「手」的古文，是五隻手指都清楚顯現的手掌，當手被當成部件，需要和其他的部件組合在一起時，就要變成「扌」形態。

「殳」是由「卩」和「彐」組成。「卩」表示塊狀或圓形物體，「彐」表示右手，兩者結合成為「殳」，意指手拿著圓形物體向外擲出。

「投」字包含兩隻手「扌」和「彐」，主要是強調手的動作。用手拿著物品投擲出去即為「投」的意思。

「彐」是右手的意思，將「彐」最下方那一橫拉長（彐），中間那一橫與代表手臂的一豎「彐」拉為一條線（彐），就變成現在的「又」了。

「投」的故事

哥哥最喜歡的運動是打籃球，放假時都會手（扌）拿著籃球（殳）練習投（投）籃。

牧

牧 → 牛 + 攵

「牧」的解說

在古文中常看到「⼳」這個符號，這個「⼳」是手的意思，而「⼳」又常配合其他物件出現，表示手拿著物品，如「⼳」和「⼳」；其差別是：「⼳」，手拿著細長的木枝；「⼳」，手拿著有柄的槌子，或圓形物（無柄）。在文字楷化後，「⼳」常變成了「又」及其他形態，如：「攵」、「殳」。

「牧」，由「牛」和「⼳」組成，是「牧」的古字，「攵」是「⼳」的演變，表示手拿著一支細長的木枝，而「牧」除了有「⼳」之外，旁邊還有一隻牛（牛），所以就是「牛」+「攵」，這表示人手裡拿著木枝放牧牛隻。

伴隨時間的長河，文字會演變，代表牛的符號由「牛」→「牛」→「牛」，而手拿著木條的文字則演變為「⼳」→「攵」→「攵」。

「牧」的故事

我們在古畫中常常看到牧（牧）童右手拿著木枝（⼳）在牧（牧）放牛（牛）隻。

5

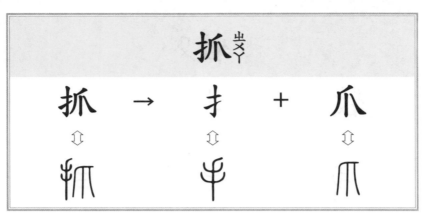

「抓」的解說

「𤓉」是「抓」的古文，由「屮」和「爪」組成。

「屮」是「手」的意思，當手被當成部件，放在左側需要和其他的部件組合在一起時，就要變成提手旁的「扌」。「爪」像鳥禽類的爪，在這裡指的是一隻由上往下的手，「爪」上面的一橫表示手掌，「爪」下面的三豎表示手指頭。當然，人的手指不只三隻，只是古人常以三來代表多數。

「屮」和「爪」組合時，便意味著人類的手像鳥禽類的爪一樣，由上往下抓取物品。

「抓」的故事

當人類的手要抓（𤓉）取物品時，也會像鳥禽類的爪（爪）一樣，手（屮）心向下，由上往下拿取。

6

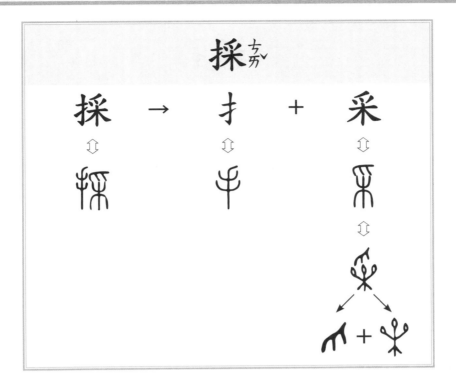

「採」的解說

「𤔌」是「採」的古字，由「𡳿」和「𤓷」組成。

「𡳿」是手的意思。當手被當成部件，需要和其他的部件組合在一起時，就要變成提手旁的「扌」。

「𤓷」是「采」的古文，由「爪」和「米」組成，「爪」似手心向下、手指下垂抓取物品的樣子。而「𤓷」像一棵長滿果子的果樹；手指向下垂（爪），在長滿果子的果樹（米）抓取就是「采」，但文字隸變之後，完全看不出和手的聯繫在哪，於是為了強調手的動作，又在「采」的基礎上加上提手旁（扌），變成「採」。

「採」的故事

採（𤔌）水果就是要動手（扌）採，而且手指（爪）向下在長滿果子的果樹（米）抓取果蒂並扭轉，這樣才能採果成功。

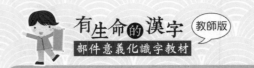

7

援 ㄩㄢˊ

援 → 扌 + 爰

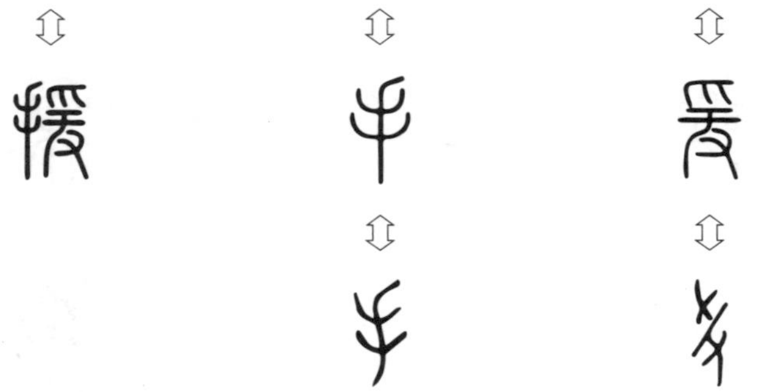

「援」的解說

「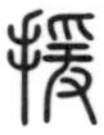」是「援」的古文，由「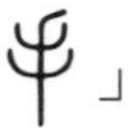」和「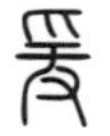」組成。

「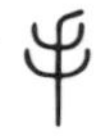」是手的意思。當手被當成部件，需要和其他的部件組合在一起時，就要變成提手旁的「扌」。

「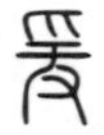」是「爰」的古文，更早的甲骨文為「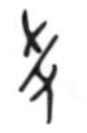」，「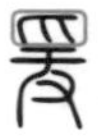」上半部表示手心向下給予物品，「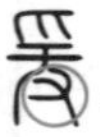」下半部的手表示接受，所以「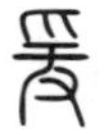」的意思即上面的人垂竿，下面的人握竿而得到救援，是「援」的本字；甲骨文「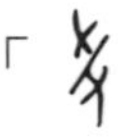」更簡單清楚的表示出其涵義。但文字隸變之後，完全看不出和手的聯繫在哪，於是為了強調手的動作，又在「爰」的基礎上加上提手旁，變成「援」。「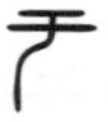」原為「干」，但因書寫空間問題，才稍變形。

「援」的故事

如果有人溺水，最好的救援（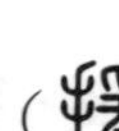）方式是：上面的人手（）握竹竿（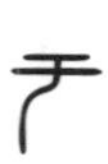），下面的人也要手（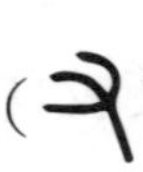）握住竹竿，這樣才能得到救援。

五 又

8

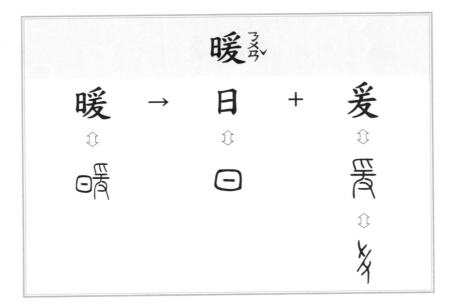

暖 → 日 + 爰

「暖」的解說

「曘」是「暖」的古文，由「曰」和「爰」部件組合。

「爰」是「爰」的古文，更早的甲骨文為「」，「爰」上半部表示手心向下給予物品，下半部「爰」的手表示接受，「尹」是竹竿，故「爰」的意思即上面的人垂竿，下面的人握竿而得到救援，是「援」的本字，所以「爰」有援助的意思。

「爰」加上「日」，指的是：在寒冷的冬季，溫暖的太陽（曰）一出來，氣溫就暖和多了。太陽所給予的援助，就像溺水的人得到竹竿的救援（爰）一樣，使人免淹沒於寒流。

「暖」的故事

在寒冷的冬季裡，有了太陽（曰）的援助（爰），氣溫就暖（曘）和多了。

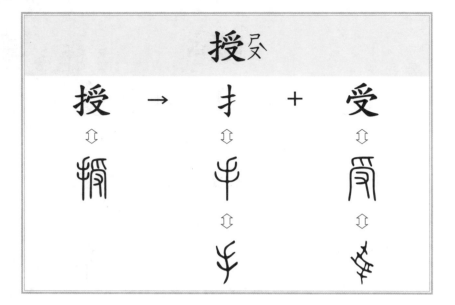

「授」的解說

「𣪠」是「授」的古文，由「屮」和「𡰥」組成。

「屮」是手的意思。當手被當成部件，需要和其他的部件組合在一起時，就要變成提手旁的「扌」。

「屶」是「受」的古文，上面就像是一隻手「屶」，下面也是一隻手「屶」，中間是一扁舟「夕」，字義是一方給予、一方接受的意思。後來小篆「𡰥」的「爫」、「彐」還是代表上手和下手，只是「夕」變成「禿寶蓋」（冖）了。但文字隸變之後，完全看不出和手的聯繫在哪，於是為了強調手的給予動作，又在「受」的基礎上加上提手旁，變成「授」，是給予的意思，而「受」就專指接受的意思。

「授」的故事

在授（𣪠）獎典禮時，授予獎項的人要用手（爫）拿著物品（夕），而接受的人要用雙手（彐）接穩物品，這樣物品才能授受平順。

爭 ㄓㄥ

爭 → 爫 + 尹
⇕   ⇕   ⇕
爭   爫   尹
                 ↓
               ㅋ + ㇒
⇕   ⇕
爭   爫

「爭」的解說

「爭」和「爭」都是「爭」的古文，由「爫」和「尹」組成；其中，「爭」是上、下兩隻不同姿勢的手，「㇒」意指所有的物品。在「爭」的下面是指右手拿著一長條狀「爭」的物品，而「爭」上面是隻由上往下的手也想拿這物品，所以會產生爭執。

從「爭」可以更具象的看到上面、下面各有一隻手同時拿著「㇒」棒狀物品，這物品到底屬於哪一隻手的呢？我們並不知道，因為還在爭執呢！

「爭」的故事

上面一隻手（爫）、下面一隻手（ㅋ），同時都想要拿這個物品（㇒），這樣很容易起爭（爭）執的。

11

印 ㄧㄣˋ

印 → E + 卩

↕　　　↕　　　↕

（古文左側手形）　（古文手形）　（古文跪人形）

↕

（印古文組合字形）

「印」的解說

「（印古文）」是「印」的古文，由「（手）」和「（跪人）」組成。

「（印古文）」的左側像隻掌心向下，由上往下的手（（手）），右側像一個跪著的人形（（跪人）），二者組合的「（印古文）」明顯可看到「（手）」按壓在屈膝人的頭上，意味著以手壓制人，使人跪下的意思。不過現在幾乎見不到原意的用詞，而是引申出「自上向下壓」的意思，如：印章。

「印」的故事

蓋印（（印古文））章時，一定要用手（（手））拿印章用力的由上往下按壓，就像玩遊戲時按壓人的頭（（跪人））一樣，使人高度往下降。

12

尤 ㄧㄡˊ

尤 → 尢 + 、

⇕ ⇕ ⇕

⇕ ⇕ ⇕

「尤」的解說

「⺃」是「尤」的古文，由「⺃」和「ㄧ」組成。

「⺃」像手指朝左、往右下延伸出手臂的右手圖形；「ㄧ」表示一點，標在「⺃」上如「⺃」，這表示在手指頭上加上短劃，凸顯出受傷或長出肉瘤的部分。

「尤」是指事字，強調在一隻右手的手指上受了傷或生了一個肉瘤的部位。長出肉瘤不是一般的情況，是特異的，古人以此來具體表現一種非常態而屬特別的情況或動態。「特異」就是「尤」的引申義，例如：「尤其」。當尤被借用表「特異」的涵義時，就再造「疣」表示突出於皮膚的肉瘤。

「尤」的故事

我的手受傷了！尤（⺃）其是有一隻手指頭（⺃）上被劃了一刀（ㄧ），那是特別痛的。

047

13

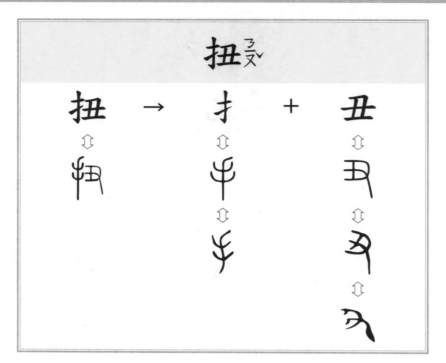

扭 → 扌 + 丑

「扭」的解說

「𠬶」是「扭」的古文，由「屮」和「丑」組成。

「屮」是手的意思。當手被當成部件，需要和其他的部件組合在一起時，就要變成「扌」的形態。

「丑」是「丑」的古文，更古老的字為「ㄗ」，一個十足象形的字。「ㄗ」是一隻有手指、手掌及手臂的爪形右手，從「ㄗ」可清楚看到在手指前端長出了指甲，之後，上下指甲相連成一條線成為「丑」，楷化後成了「丑」，是「扭」的本字。

古人可能認為指甲有助於扭轉物品或扭打時多個利器，所以在手指之下標出指甲。但文字隸變之後，完全看不出「丑」和手的聯繫在哪，於是為了強調「扭」是手的動作，又在「丑」的基礎上加上「扌」。

「扭」的故事

當小孩打架時，會用雙手（屮）將對方抓住並互相扭（𠬶）打，他們認為有指甲的爪狀手（ㄗ）會得到優勢。

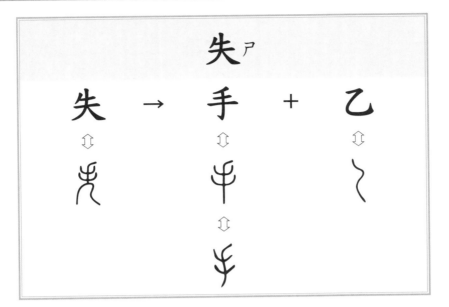

「失」的解說

「」是「失」的古文，由「」和「」組成。

「失」的小篆可以解構成手（）和一條彎曲的線（）。「」是手的正面形象，「手」（）是第三根手指偏向右邊；第二與第四根手指（）楷化後變成「手」；第一與第五根手指（）楷化後變成「手」，手腕、手臂（）楷化後變成豎鉤「手」。另外，彎曲的線（）表示某樣東西。依照本意，楷化後的「失」應寫成「」，但現在的楷書變成「失」，第三根手指「」變成「失」；代表東西的「」變成一捺「失」。

「失」是會意字，左邊一隻手（），手腕（）右邊的「」表示某樣東西，可能因為手麻或不注意，握住的東西從手掌間滑落，所以「失」的本意是東西從手中丟失了。

「失」的故事

如果不小心，手中（）握住的東西（）會從手掌間滑落而丟失（）的。

15

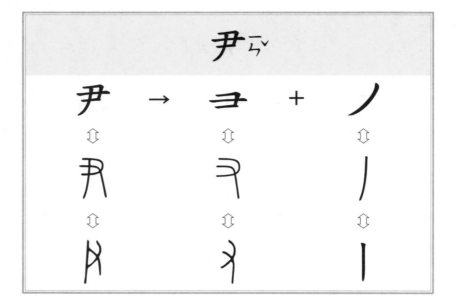

「尹」的解說

「尹」是「尹」的古文，由「ヨ」和「丿」組成。

「ヨ」是一隻有手指（彡）及手掌（ヲ），且向右下延伸的右手臂。古人常用三指來代表五指，不論手指或腳趾都是如此。

「尹」是會意字，更古老的字如「月」，「月」中的一豎是一枝筆，右邊是一隻手「月」，整個符號便是手拿著筆的意象，是史官執筆辦事的意思。本義應是「長官」，例如：「京兆尹」，以此又引申為「治理」的意思。

「尹」的故事

<u>伊尹</u>是商朝的丞相，在還沒當丞相前曾擔任「尹」（尹）這樣的小官，每天得手（ヨ）拿著筆（丿）記錄一些事務。

及 ㄐㄧ

及 → 尸 + 又

「及」的解說

「　」是「及」的古文，由「　」和「　」組成。

「　」左邊是個人形，如「　」，是側身站立的人，在此指走在前面的人，其字形演變為：「　」→「　」→「尸」。

「　」右下角是一隻有手指（　）及手掌（　），且向右下延伸的右手臂。古人常用三指來代表五指，在此指後面追趕者的手，也代表追趕的人。

後來，「　」演變為「　」，表示用手（　）抓住人（　），所以「及」本義是「追上」、「趕上」，延伸出「到達」、「碰及」的涵義。

「及」的故事

接力賽跑時前面的人會助跑，後面交棒的人要快步追上去，並將右手（　）的棒子碰擊到前面人（　）的手，不然就會來不及（　）交接而掉棒。

17

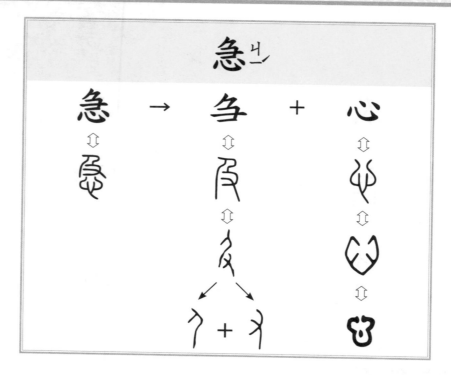

急ㄐ一

急 → 刍 + 心

「急」的解說

「急」是「急」的古文，由「刍」和「心」組成。「心」是「心」的象形。「刍」、「刍」都是「及」（刍）的古文，由「勹」和「手」組成。

「刍」左邊是個人形，在此指走在前面的人。字形演變為「勹」→「尺」→「勹」。「刍」右下角是一隻有手指「手」及手掌「手」，且向右下延伸的右手臂。古人常用三指來代表五指，在此指後面追趕者的手。

「刍」表示用手（手）抓住人（尺），所以「及」本義是「追上」、「趕上」，延伸出「到達」、「碰及」的涵義。

由「刍」加上「心」組成的「急」，表示急著抓住人或物品的心情叫做「急」。

「急」的故事

接力賽跑要交棒的人會因為來不及（刍）追上而心（心）急（急），想盡辦法衝刺，將手（手）中的棒子交接給前面的人（尺），不然就會輸掉了。

18

逮 ㄉㄞˋ

逮 → 辶（辵） ＋ 隶

⇕　　　　　⇕　　　　⇕

（篆 逮）　　（篆 辵）　　（篆 隶）

⇕　　　　　⇕　　　　⇕

（甲 隶）　 彳＋止（甲）　 又＋木

「逮」的解說

「隶」是「逮」的古文，由「木」和「又」組成。

「隶」左邊是個往下垂的尾巴，「木」的中間為主軸，兩旁即覆蓋尾巴的毛。「隶」右邊是隻手，是一隻有手指「又」及手掌「又」，且向右下延伸的右手臂。古人常用三指來代表五指，在此指抓著尾巴的手。

「隶」意指以右手拿著尾巴，會意出追捕野獸、抓到了的意思，本義為追捕、捉拿，如「逮捕」，後來又引申為及、趕上、達到，如「力有未逮」。後來再加義符「辵」，以強調追捕的行動義。

「辵」也可寫成「彳」，由「彳」和「止」組成，意思為在道路上（彳）上有一個腳印（止），以此表示行走或快跑。

「逮」的故事

獵人在田野的小路上快跑（辵），右手（又）握著兔子尾巴（木）說，我逮（隶）到一隻兔子了！

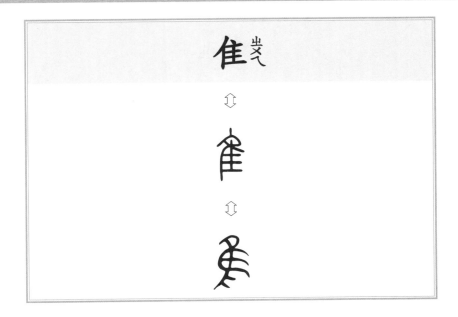

「隹」的解說

　　「隹」是「隹」的古文，由「🐦」演變而來。「隹」是鳥類的總稱，「隹」和「🐦」（鳥）相較之下屬於短尾的大型鳥。「隹」字中明顯表現出鳥的眼睛、嘴巴及頭上的羽毛等特徵，鳥頭下面「隹」則是鳥的側面形象，包括鳥的身體和翅膀。在另一個更具象的古文中能清楚的看到鳥的翅膀「🐦」、鳥的胸腹部「🐦」，還有鳥的雙腳「🐦」。但經過文字的演變，楷書「隹」的鳥頭不見了，只剩標示的部位「隹」，鳥的雙腳也省卻了，後來的「隹」實在是找不到鳥類的影子了。

「隹」的用法

　　「隹」本義為短尾的大型鳥，也是鳥類的總稱，現今可單獨使用，也可做偏旁，由「隹」所組合的字都與鳥的相關涵義有關聯。

2

隻 ㄓ		
隻 →	隹 +	又
⇕	⇕	⇕
隻	隹	ㅋ
⇕	⇕	⇕
🦅	🐦	ㄟ

「隻」的解說

　　「🦅」是「隻」的古文，由「🐦」和「ㅋ」組成。

　　「🐦」是鳥類的總稱，「🐦」和「🦅」（鳥）相較之下屬於短尾的大型鳥。「🐦」字中明顯表現出鳥的眼睛、嘴巴及頭上的羽毛等特徵，鳥頭下面「🐦」則是鳥的側面形象，包括鳥的身體和翅膀。而「又」字從「ㄟ」演變成「ㅋ」，是右手的意思，將「ㅋ」最下方那一橫拉長（ㅋ），中間那一橫與代表手臂的一豎「ㅋ」拉為一條線（ㅋ），就變成現在的「又」了。

　　「隻」（🦅）是「隹」（🐦）加上「又」（ㅋ），形象為「手裡捉獲了一隻鳥」。創字之初，「隻」蘊涵兩個意義：一是「獵獲」，一是「一隻鳥」，但後來人們為了區別，用「🦅」來表示一隻、兩隻的「隻」，即鳥的數量；用「獲」來表示捕捉到，從此「隻」和「獲」確實分工了。

「隻」的故事

　　我的右手（ㅋ）抓著一隻（🦅）短尾巴的大鳥（🐦）。

3

雙
ㄕㄨㄤ

雙 → 雔 + 又
⇕ ⇕ ⇕
雙 雔 弓
⇕
又

「雙」的解說

「雙」是「雙」的古文，由「雔」和「弓」組成。

「隹」是鳥類的總稱，和「鳥」（鳥）相較之下屬於短尾的大型鳥。「隹」字中明顯表現出鳥的眼睛、嘴巴及頭上的羽毛等特徵，鳥頭下面「隹」則是鳥的側面形象，包括鳥的身體和翅膀。而「又」字從「又」演變成「弓」，是右手的意思，將「弓」最下方那一橫拉長（弓），中間那一橫與代表手臂的一豎「弓」拉為一條線（弓），就變成現在的「又」了。

由「雔」和「弓」的意思可知，「雙」字的形象即為「手上有兩隻鳥」，所以「雙」便具有「兩個」的意思。

「雙」的故事

我的右手（弓）抓著兩隻短尾鳥（雔），兩隻就可以成雙（雙）。

獲 ㄏㄨㄛˋ

獲 → 犭 + 蒦

⇕ ⇕ ⇕

獲 犬 蒦

⇕ ⇕

犬 蒦

「獲」的解說

「獲」是「獲」的古文，由「犬」和「蒦」組成。

「蒦」中的「雀」是鳥類的總稱，和「鳥」（鳥）相較之下屬於短尾的大型鳥。「雀」字中明顯表現出鳥的眼睛、嘴巴及頭上的羽毛等特徵，鳥頭下面「雀」則是鳥的側面形象，包括鳥的身體和翅膀。「又」字從「又」演變而成「ㄅ」，為右手的象形。因此「蒦」的形象為「手裡捉獲了一隻鳥」。是一隻什麼樣的鳥呢？是一隻貓頭鷹。從古文「雀」顯示這隻大鳥頭上長了如羊角般的毛，這就是貓頭鷹；要注意的是，「隹」上面是「卝」而不是「艹」。古代人狩獵捕鳥大多會帶獵犬（犬）同行追逐撿拾獵物，故在「蒦」旁加了「犭」當作狩獵「獲得」的意思。

「獲」的故事

古代人狩獵、捕鳥大多會帶獵犬（犬）一起追逐獵物，有了獵犬的幫忙，打獵時就可以至少獲（獲）得一隻貓頭鷹（蒦）。

5

穫 ㄏㄨㄛˋ

穫 → 禾 + 蒦

「穫」的解說

「穫」是「穫」的古文，由「禾」和「蒦」組成。

「蒦」中的「隹」是鳥類的總稱，和「鳥」（鳥）相較之下屬於短尾的大型鳥。「隹」字中明顯表現出鳥的眼睛、嘴巴及頭上的羽毛等特徵，鳥頭下面「隹」則是鳥的側面形象，包括鳥的身體和翅膀。「又」字從「ㄧ」演變而成「ㄐ」，是右手的意思，將「ㄐ」最下方那一橫拉長（ㄧ），中間那一橫與代表手臂的一豎「ㄐ」拉為一條線（ㄧ），就變成現在的「又」了。因此「蒦」的形象為「手裡捉獲了一隻鳥」，而且是一隻有角毛的貓頭鷹（蒦）。

自古種植與收穫穀物是件重要的事，所以收「穫」除了用「蒦」表示獲得之外，還要有表示稻米的「禾」（禾）之組件。「禾」與「蒦」組合在一起，表示穀物的收成是最好的收穫（穫）。

「穫」的故事

稻禾（禾）穀物收成，以及狩獵捕捉到好多隻（隻）貓頭鷹（蒦），是古代人認為最好的收穫（穫）。

1

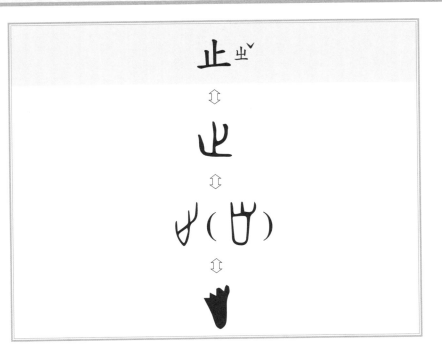

止 ㄓˇ

⇕

止

⇕

屮（屮）

⇕

（腳印圖形）

「止」的解說

「（腳印圖形）」是「止」的古文，十足象形的一隻腳丫，而另一個時期的古文為「屮」，已從象形圖形演變成線條文字，後來又演變成「止」。其中的腳趾由四趾（（腳印圖形））減少為三趾（屮），楷化後就是「止」，後來被假借為「停止」的意思之後，原代表腳丫的「止」就加個足的部首成為「趾」。

「止」的字形演變為「（腳印圖形）」→「屮」→「屮」→「止」→「止」。

「止」的用法

「止」的原義是一隻左腳腳丫子，被假借為「停止」的意思之後，另造出「趾」來替代。如今「止」可單用也可做偏旁使用，組合的字大多與腳及其動作行為有關。

2

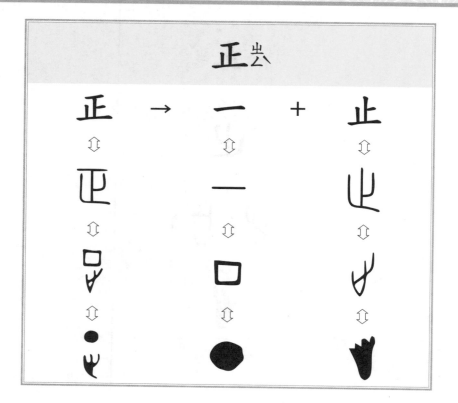

「正」的解說

「𤴡」是「正」的古文，由兩個部件「□」和「𣥂」組成。

「□」指的是一個城鎮或一個目標；隨著文字的演變成了一條橫線。「𣥂」為「止」的古文，為腳趾原來的象形文字，是由一隻十足象形的腳丫（🐾）的樣子演變而來，後來再從象形的圖形文字「𣥂」演變成「𣥂」和「止」。「止」的字形演變為「🐾」→「𠤏」→「𣥂」→「𤴡」→「𣥂」→「止」。

「𤴡」是腳趾正朝著目標不偏不倚的走去，引申出「正直不偏斜」的涵義。

「正」的故事

我們走路想要走得正（𤴡），就得在腳趾（𣥂）的正前方找一個目標物（□），只要朝著目標不偏不倚的走去，這路線就會又直又正。

③

整 ㄓㄥˇ

整 → 束 + 攵 + 正

↕ ↕ ↕ ↕

（古文字形） （古文字形） （古文字形） （古文字形）

↕ ↕ ↕ ↕

（古文字形） （古文字形） （古文字形） （古文字形）

「整」的解說

「整」是「整」的古文，由「束」、「攴」、「正」組成。

「束」像木枝被繩子困縛了，就是束縛、約束的意思。「攴」像手（攴）持木棍的形狀，有扑打的意思，也引申出教導訓誡之涵義。「正」由腳不偏不倚的正向目標前進，延伸出端正、整齊的意思，再延伸出整理而合於規範之意。

所以由「束」、「攴」、「正」所組成的「整」表示：督責自己約束行為，使其合於社會規範。

「整」的故事

樵夫砍下了樹枝，一定要將東翹西翹的樹枝整理一下；先用繩索綑束（束）著樹枝，若還有不整齊的地方，就要手拿器物敲一敲、打（攴）一打，使之端正（正）、整（整）齊。

4

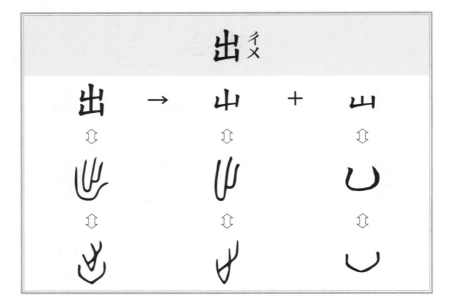

$$出 ㄔㄨ$$

出 → 屮 + 凵

「出」的解說

「」是「出」的古文，由「屮」和「凵」組成。

「屮」指的是腳踏出凹穴之外。金文的「屮」下面是一個像碗的形象，兩頭較高，中間凹陷，表示古代人所住的半地穴式建築。古人會在地上挖個凹陷處，在凹陷處上方再搭蓋茅草屋，像這樣凹陷的地方就是古人居住之處。在住所上面有一隻腳（屮），而且腳趾朝向外面，表示腳要離開住所，也就有「出去」的意思。

小篆的腳趾（屮）楷化後變成出的上半部，就像「山」，「屮」變成「屮」；「屮」變成「屮」。另外，半穴居（凵）楷化之後訛變成「出」的下半部，上下兩個山組成「出」，不過「出」跟「山」完全沒有關係，「出」指的是由一隻腳踏出半穴居之外，也就是離開住所的意思。

「出」的故事

古人要離開住所時，先用他的腳（屮）踏出凹陷的半穴居（凵）外面，這樣才出（屮）得去。

5

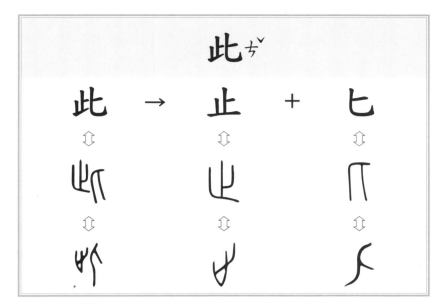

此 ㄘˇ

此 → 止 + 匕

 **「此」的解說**

「此」是「此」的古文，由兩個部件「止」和「匕」組成。

「止」為「止」的古文，也就是腳趾的原字，看起來就像是一隻腳趾朝上的左腳「」，之後變成「止」，再變成「止」，最後變成「止」。「匕」為「匕」的古文，人形樣，看起來就像是一個臉朝右側站立的人。

兩個部件組合在一起成為「此」（此），亦即一隻左腳（止）和一位側面站立的人（匕）之組合。「此」所想表達的意思即為，人的腳所站的這個地方，藉以凸顯出「這個」之意。

「此」的故事

大家常說的「此（此）時此地」，意思就是：我這個人（匕）所經歷的這個時間為「此時」，我這個人（匕）用腳（止）所站立的這個地方就稱作「此地」。

6

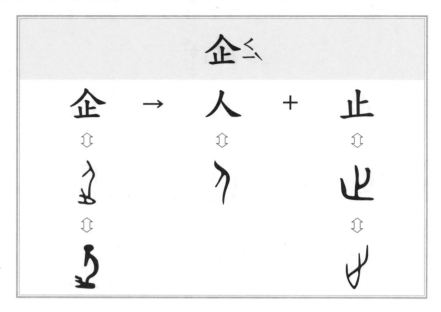

企 ㄑㄧˇ

企 → 人 ＋ 止

「企」的解說

　　「𨂂」是「企」的古文，由「𠃌」及「屮」組成。

　　「𠃌」是個臉往左側身站立的人，楷化後演變成「人」。「𨂂」下半部的「屮」是「止」的古文，代表腳掌的意思，是一個象形字，可看出拇指及腳趾的形體，古字常以三取代超過三的數，故以三畫代表五個腳趾。「止」的字形演變為「👣」→「屮」→「屮」→「止」→「止」。

　　所以「𨂂」字中，下方的「⚫」是呈現腳趾往左的大腳丫，古人以「𨂂」字形體現一個人側身踮起腳跟引頸往遠處看的樣子。「𨂂」是「企」更早的古文，字形上呈現的人及踮起腳跟更為具象。在通訊不發達的古代，人們常踮起腳跟引頸遠望親人是否歸來，故「企」字引申有盼望的意思。

「企」的故事

　　每個人（𠃌）在企鵝館都踮起腳跟（屮），企（𨂂）盼看到企鵝。

7

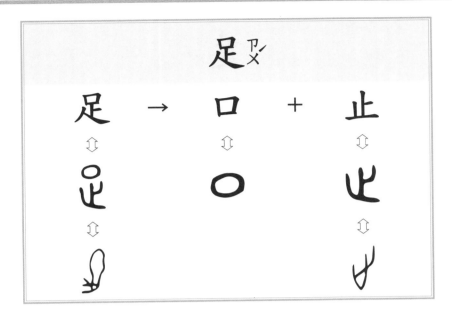

「足」的解說

　　「」是「足」的古文，由「○」和「止」組成。

　　比「」更具象的是金文「」，其下面「」是一個很具象的腳趾跟腳掌，上方「」為像棒棒腿的小腿，那比較龐大的地方就是我們的小腿肚（○）。楷化後，底下的腳掌跟腳趾就用「止」來代表，腳掌上面的部位就用一個「口」來代表，兩個連結在一起就是「足」，所以「足」所指的區域比腳還多。「止」的字形演變為「」→「」→「」→「止」→「止」。

　　部件「疋」，是跟「足」很類似的字。小篆的疋（），除了有表示腳趾、腳掌的「止」外，上面還有一個沒有封閉起來的圓圈代表的是膝蓋，金文的疋（），有很明顯的腳趾、腳掌，還有小腿，上面有個地方特別大，這是膝蓋，由此可知「疋」也是指腳，它涵蓋了膝蓋、小腿、腳掌及腳趾，只是現在「疋」已被「足」取代。

「足」的故事

　　古人所說的足（）不只是指腳，它的範圍比較大，除了腳掌和腳趾（止）之外，還要延伸至腳踝還有小腿肚（○）的地方。

8

楚 ㄔㄨˇ

| 楚 | → | 林 | + | 疋 |

「楚」的解說

「楚」是「楚」的古文，由「林」和「疋」部件組成。

「林」是叢生在同一處的眾多樹木，在這裡指的是叢生的「荊棘」樹叢，棘樹上有許多的尖刺。「木」是上有枝條、下有樹根的樹木。

「疋」有足的意思，也是「疋」的古文，是指膝蓋延續小腿至腳趾的部位，「疋」的上面代表小腿肚和膝蓋，下面的「疋」是腳趾，合起來為完整的一隻腳。

「林」、「疋」二者組合的意思是腳在楚木（荊棘）中，容易被荊棘所刺傷，所以楚有「辛楚」、「苦楚」等涵義。

「楚」的故事

整隻腳（疋）站在叢生的楚木林（林）中，容易被荊棘所刺傷，所以有說不出的痛楚（楚）。

068

9

走^{ＺＯＵˇ}

走 → 土 + 止

(圖示字形演變)

「走」的解說

「𧺆」是「走」的古文，由兩個部件「夭」和「止」組成。

「夭」指的是一個擺動雙臂跑步的人；隨著文字的演變，上面的兩隻手臂（夭）變成直線，下面的大腿到腳（夭）變成直線，形成「土」字，但與「土地」無關。「止」為「止」的古文，為腳趾原來的象形文字，後來被借為停止的「止」之後，又加上足，成為「趾」，來表示腳趾的本義。「止」的字形演變為「𡳿」→「𡳿」→「止」→「止」→「止」→「止」。

台語在說「緊來走」，意思就是趕快跑的意思；而現在的「走」，已沒有跑步的意思，只剩兩腳行走的意思而已，這速度慢多了。

「走」的故事

古人沒有什麼便利的交通工具，為了趕時間，走（𧺆）路都要擺動他的雙手（夭）並用腳（止）快跑，現在的人只要慢慢走就可以了，因為交通便利了嘛。

10

徒 ㄊㄨˊ

徒 → 彳 + 走

彳 → 彳

走 → 土 + 止

行 → 行（楷化）

止 → Ａ + 止

「徒」的解說

「徒」是「徒」的古文，由「彳」、「土」和「止」組成。

「彳」是四通八達的大馬路「行」的減省，楷化成「彳」；「土」為「Ａ」，是「土」的古文，是地平面上高出的小土堆的意思。「彳」和「土」二者組構後的「彳」表示這馬路是泥土路。

在「徒」字中的「走」，與代表跑步的「走」是不相同的。「徒」字的「走」，由「土」和「止」（腳）共同組成，意思是單純用腳走在泥土地上，不使用任何的交通工具。

因此，「徒」的意思就是，人單純的用腳走在泥地大馬路上，後來引申為「僅僅是」或「空空的」。

「徒」的故事

古代的交通不發達，人們要外出時大多是徒（徒）步行走，用腳（止）走在都是泥土（土）的馬路（彳）上。

徙 ㄒㄧˇ

徙 → 征 ＋ 止

「徙」的解說

「征」是「徙」的古文，由「彳」和兩個「屮」組成。

「彳」是大馬路「朴」的減省，楷化成「彳」；「征」中右邊有兩個「屮」，「屮」是左腳的古文，也可以是這樣「帇」，一個活靈活現的腳丫子，現在大多代表人的腳。「止」的字形演變為：「帇」→「屮」→「屮」→「止」→「止」。

三者組合後的「征」表示：腳從馬路的這裡位移至他處，因為「征」中的兩隻腳都是左腳趾，有同腳位移的意思，而沒有左腳右腳交替的步行意味，楷化以後就成了「走」。成語「徙木立信」中的「徙」就是移動位置的意思。

「徙」的故事

成語「徙（征）木立信」的典故是希望有人扛起木頭，用腳（屮）從馬路（朴）的這一端移走到另一端。所以不只腳（屮）所在的位置不同了，連木頭也改變了地點。這是很簡單的事，可是人民都不相信。

七 止

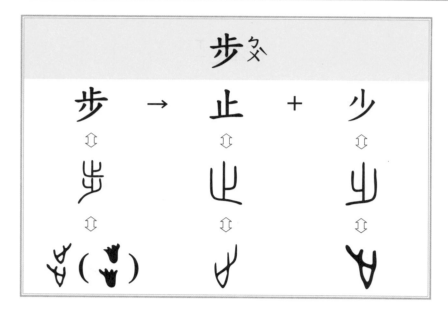

「步」的解說

「」是「步」的古文，由兩個部件「」和「」組成。

「」有兩隻腳（）；從大拇指可以分辨左右腳，上面的左腳「」變成「」再變成「」，最後變成「止」，而下面的右腳，其演變為「」→「」→「」→「少」。

「步」這個字由左腳右腳組構有什麼涵義呢？就像我們教小朋友行進一樣，需要左腳、右腳的喊口令，步伐才會整齊，所以「步」就是行走的意思。

「步」的故事

阿兵哥在行軍時，總是踏著整齊的步（）伐，聽從班長的口令：一是左腳（），二是右腳（）的前進著。

七 止

13

涉

涉 → 氵 + 步

「涉」的解說

「」是「涉」的古文，由「」及「」組成。

「」指的是雙腳走過水面。從小篆字體可以看到左右腳（），不過左右腳（）的中間有一個代表水（）的圖示。古人沒有把雙腳同時放在水的右邊或左邊，反而把雙腳分別放在水的兩邊（），代表腳是從水的一頭移向另一頭，這就是涉水的意思。

「」是「步」的古文，由兩個部件「」和「」組成。這邊有兩隻腳（），從大拇指可以分辨左右腳；上面的左腳「」變成「」再變成「」，最後變成「止」，「止」的字形演變為「」→「」→「」→「」→「止」。而下面右腳的演變為「」→「」→「」→「少」。

「涉」的故事

古人若想要過江河，有錢人會請人撐竹排渡江，沒錢的人沒有別的辦法，只能光著腳丫子涉（）水而過。他們會選擇水淺處將二腳（、）脫去鞋子，在水（）中步（）行走到水的另一頭。

073

陟ㄓˋ

陟 → 阝 + 步

「陟」的解說

「陟」是「陟」的古文，由「阝」和「步」組成。

「阝」為「阝」的古文，在此處表示山（屾）的意思，為書寫方便翻轉為「阝」，楷化寫為「阝」。

「步」為「步」的古文，在更早之前的甲骨文為「步」，由古文字形可看出「步」由左腳（步）及右腳（步）所組成，就是一步步往前走的意思。所以「陟」字代表的是雙腳由山腳下一步步往上走，有步步高升的意思，與降（降）字為相反字。

「止」的字形演變為「步」→「止」→「止」→「止」→「止」。

「少」的字形演變為「少」→「少」→「少」→「少」。

「陟」的故事

雙腳由山（阝）腳下，一步步（步）往上走就是「陟（陟）山」，步步高升至山頂。

15

降 ㄐㄧㄤˋ

降 → 阝 + 夂 + 牛

⇕　　⇕　　　⇕　　　⇕

𨾊　　𨸐　　　夂　　　牛

⇕　　⇕　　　⇕　　　⇕

𨾊　　𨸐　　　夂　　　牛

「降」的解說

　　「𨾊」是「降」的古文，由「𨸐」、「夂」和「牛」組成。

　　「𨸐」為「阝」的古文，在此處表示山（𨸐）的意思，為書寫方便翻轉為「𨸐」。「夂」及「牛」皆為象形字；古字常以三取代超過三的數，故以三畫代表五個腳趾，用「夂」代表腳趾向下的右腳掌，「牛」代表腳趾向下的左腳掌，其甲骨文字更加具體呈現為「🐾」及「🐾」，楷化後將右腳掌「夂」以「夂」表示，左腳掌「牛」以「牛」表示。因此，「𨾊」意指雙腳一步一步從山上走下來，腳趾向下沿著山路往下走，相當有趣傳神，引申由高處往下降的意思。

「降」的故事

　　從高高的山（𨸐）坡上，雙腳腳趾（夂）向下，一步步往下走，腳所站立的高度也慢慢的往下降（𨾊）。

16

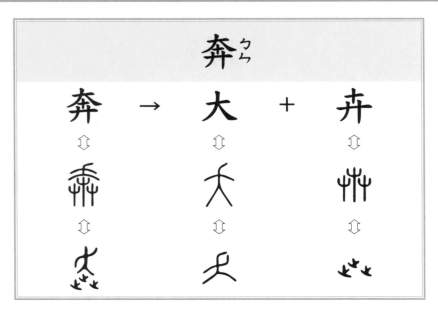

「奔」的解說

「𡘾」是「奔」的古文，由兩個部件「大」和「卉」組成。

「大」指的是一個擺動雙臂跑步的人；隨著文字的演變，上面的兩隻手臂變成直線「大」，最後楷化成「大」字。

「卉」原形是「𡴆」，是三個「止」而不是三個「屮」，「止」是「止」的古文，從代表腳丫子的圖形「𦥔」演變而來，後來才從象形圖形文字「屮」演變成「止」。

「奔」是個會意字，下面的三個「止」（腳），表示人跑得很快，足跡多。 奔的本意為快跑，後來由跑得快，又引申為疾速。

「奔」的故事

我們奔（𡘾）跑得很快時會張大雙臂擺動（大）著，而且地上會留下三個以上紛亂的腳印（𡴆）。

17

$$辵(辶) → 彳 + 止$$

「辵」的解說

「辵」是「辵」的古文，由兩個部件「彳」和「止」組成。

「彳」是從「彳」演變過來的，也就是「行」的左半部，古人以「行」代表四通八達的大馬路。「止」是人腳趾的樣子，古人用它來代表腳，更早、更具象的古文是「﹝腳﹞」，十足象形的一隻腳丫子，而另一個時期的古文為「﹝止﹞」，已從象形圖形演變成線條文字，後來又演變成「止」。其中，腳趾由四趾減少為三趾，楷化後就是「止」，但和「彳」結合時，「止」就得變成「止」。「辵」由這兩個部件組成，指的是人走在大馬路上的樣子，或是快走及行動的意思。

「辵」的故事

古時候沒有什麼便利的交通工具，大多用雙腳（止）走在大馬路（彳）上，如果趕路時就要走得更快了。

18

從 ㄘㄨㄥˊ

從 → 彳 + 从 + 疋

⇕ ⇕ ⇕ ⇕

訕 彳 狀 止

⇕ ⇕

從 狀

「從」的解說

「狀」是「從」的古文，由「彳」、「狀」和「止」組成。

「狀」指的是在馬路（朴）上，一個人跟從另一個人（狀）的腳步（止）行走。

「從」可以分成三個部件，「彳」就是四通八達的大馬路（朴）的減縮（彳）；「狀」是指兩個一前一後的人，後來的演變從面向左邊轉換成面向右邊的人（狀），楷化後成為「从」；而代表腳的「止」不寫成一般「止」的型態，把筆畫方向稍作改變成「疋」。

從部件組合中可知，不管是實際的用腳走路，或者是較高層次、無形的跟從某人做事，「從」都有跟從的意思。

「從」的故事

在十字路口的道路（彳）上，一個人跟從另一個人（狀）的腳步（止）行走。

19

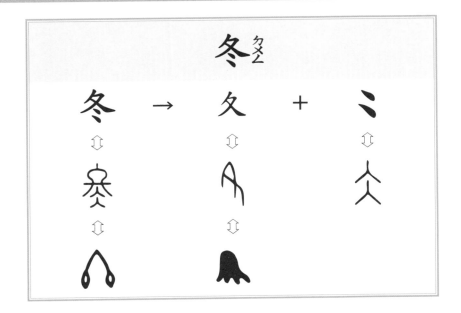

「冬」的解說

　　「冬」由「夂」、「冫」組成，「夂」是由「ᚪ」演變而來，而「ᚪ」又是「ᛋ」的倒置。「ᚪ」本是個線條化的腳形，故也是腳趾的象形，在此指的是右腳。「夂」的字形演變為「ᛝ」→「ᛋ」→「ᚪ」→「夂」。

　　「冫」從「仌」演變而來，「仌」是冬季嚴寒下冰塊突起的樣子。

　　特意將「仌」放在腳（ᚪ）下是因為腳為下肢的末端，很容易感到寒冷，所以腳加上冰是古人凸顯「寒冷」的方式。在冬天，人正受凍、受寒著，天氣就像腳下有冰塊一樣讓人覺得冰冷，所以就以「夂」和「冫」代表冬天。

「冬」的故事

　　冬天到底有多冷？就像腳下（ᚪ）放有冰塊（仌）一樣的冷。

20

後 ㄏㄡˋ

後 → 彳 + 夌

彳 ↕ 夌 ↕

彳 ↕

╪ 　 ↕

彳 ↕ 夌 ↕

北 　 ↕ ＋

↕

＋

「後」的解說

「後」是「後」的古文，由「彳」、「夌」組成。其中，「夌」是由「幺」和「夂」組成，意思是：有個腳（夂）被繩索（幺）綁住的人，走在大馬路（彳）上，很快的就被別人趕上，遠遠落在別人後面了。

「彳」則是四通八達的大馬路「北」的減省，道路是人所行走的，所以引申為「行走」的意思。也因此以「彳」為部首的字都與道路或行有關。

「幺」是絲線繩索「╪」的減省，楷化後成了「幺」。

「夂」像有趾頭的腳，古文以三趾或四趾表示五趾，古時寫成文字就是「夂」或「夂」。其演變過程是：「夂」→「夂」→「夂」→「夂」。

「後」的故事

古時候犯人的腳（夂）會被繩索（幺）綁住，之後被獄卒帶到市場的大馬路上（彳）行走遊街，犯人很快的就被其他路人趕上而遠遠的落在別人後（後）面了。

七止

21

傑ㄐㄧㄝˊ

傑 → 亻 + 夕 + 牛 + 木

⇕　　⇕　　⇕　　⇕　　⇕

傑　　　　　　　　　　

⇕　　⇕　　⇕　　⇕

「傑」的解說

「傑」是「傑」古文，由「亻」、「」、「牛」和「木」組成。

「亻」是「人」的古文，而「夕」及「夂」皆代表腳的象形字，古人以三畫代表五個腳趾，「夊」代表腳趾向下的右腳掌，「夂」代表腳趾向下的左腳掌，其甲骨文字「」及「」更加具體象形。之後歷經文字演變將右腳掌「」以「夊」表示，將左腳掌「牛」以「牛」表示。而右腳掌「夊」因為要組成「舛」，為了避免干擾，所以「夊」一捺縮短變成一點，像「夕」。最後「木」即是「木」的象形字，「桀」（）指的是腳站在高處。

古人用「腳站在樹木上面」（）表示高人一等的意思，而「傑」最常使用的詞是「傑出」，表示人在成就上高人一等。

「傑」的故事

古人用一個人（亻）的左腳（）和右腳（夊）踏在樹木（木）之上，表示這個人高人一等，非常傑（）出。

081

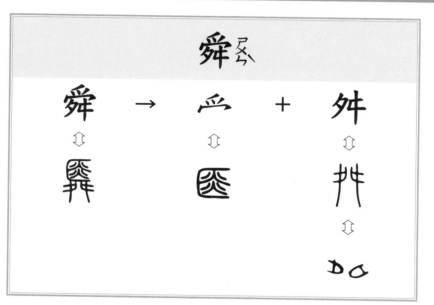

「舜」的解說

「羼」是「舜」的古文，可以解構成兩個部件「丌」和「舛」，「丌」上方的「爪」是向下的手掌，也就是「爪」的形變，在這裡代表雙手。

「兆」是「舛」的古文，更早的符號為「ㄉㄖ」，由「ㄑ」及「ㄣ」所組成；因為古人常以三代表多數，故以三畫代表五個腳趾，所以「舛」就是指擁有右腳和左腳的雙腳。

「舜」由代表雙手和雙腳的部件組成，原義就是凸顯手腳俐落，後來引申為快速或很短的時間。

「舜」的故事

舜（羼）用俐落的雙手和矯健的雙腳，像猴子一樣攀樹，也如土撥鼠一樣挖通道，才能逃離後母的危害。從這個故事可以知道舜是個手（丌）腳（舛）俐落的人。

七 止

23

舞 ㄨˇ

舞 → 無 + 夕 + 牛

「舞」的解說

「舞」是「舞」的古文，由「舞」、「夕」和「牛」組成。

「舞」指的是一個人拿著牛尾巴（舞），由右腳（ㄅ）、左腳（ㄥ）踩著不同的步伐來跳舞。其中「舛」是指右腳（ㄅ）與左腳（ㄥ）。

「舞」是一個正面站立而且張大雙臂的人，雙臂的底下是牛尾巴（牛），這些是古時候祈雨舞的基本配備，以此體現祈雨舞蹈的樣子。後楷化成「無」，但「無」被借作「有無」的涵義後，就把「無」（舞）和代表雙腳的「舛」（夕、牛）結合，「無」底下的四點被省略，變成舞動人生的「舞」（舞），強調舞動時兩腳踩著變化的步伐。

「舞」古字上半人頭和手楷化成「無」的局部，「舞」中牛尾和人的身體變成「無」中的四豎，「舞」牛尾的尾端和人的雙腳組成「無」，古人造字原意是祈雨舞蹈，現在被「舞」取代。

「舞」的故事

一個人雙手拿著牛尾巴（舞），左腳（ㄥ）、右腳（ㄅ）踩著不同的步伐來跳舞（舞）祈雨。

083

24

粦 ㄌㄧㄣˊ

粦 → 米 + 夕 + 牛

⇕ ⇕ ⇕ ⇕

（篆文字形）

⇕ ⇕ ⇕ ⇕

（古文字形）

「粦」的解說

「炎」是「粦」的古文，由「炎」、「Ｄ」和「Ｃ」三個部件所組成。「炎」是兩團火球交疊在一起的樣子，楷化訛變成「米」。「Ｄ」和「Ｃ」分別代表右、左腳，兩者組合且線條化之後成「舛」。古人觀察發現，鬼火總是不停的閃爍且跳動著，其形態就好像是人踩著凌亂步伐的樣貌，於是以重火（炎）和雙腳表示跳躍不定的鬼火（粦）。只是當「粦」被當作聲符字後，燐火（鬼火）就以粦＋火的「燐」來代替本字涵義。「粦」可以當部件組合不同的字，例如：鄰居的「鄰」、燐火的「燐」、波光粼的「粼」、魚鱗的「鱗」，這些由粦所組合的字不外乎含有閃爍光芒、聚合等意思。

「Ｄ」和「Ｃ」皆為腳的象形字，「Ｄ」代表的右腳掌，字形演變為「」→「」→「」→「Ｄ」→「ㄎ」→「夂」，為了避免干擾，「夂」一捺縮短變成一點，像「夕」。「Ｃ」代表左腳掌，字形演變為「」→「」→「」→「Ｃ」→「」→「牛」。

「粦」的故事

以前的人所說的鬼火其實就是粦（粦）火，聽說這火（火）是由許多小火堆疊（炎）在一起，而且還會隨著人移動，好像長了雙腳（ＤＣ）會跑呢。

25

登 ㄉㄥ

登 → 癶 + 豆

⇕　　⇕　　⇕

荳　　屾　　豆

⇕　　⇕　　⇕

豋（鼟）　屾　豆

「登」的解說

「豋」是「登」的古文，由「屾」和「豆」組成。

「屾」為「癶」的古文，依字形觀察為左腳（ꙮ）及右腳（ꙮ），其後字形演變為「屾」，楷化寫為「癶」，代表兩隻腳。「豆」為「豆」的古文但並非紅豆的「豆」，在此代表矮凳子。

「登」的古文有時寫作「鼟」，字形呈現兩隻手拿矮凳子以便讓雙腳往上蹬，但後來將最下方的雙手省略，故「豋」字代表的是雙腳踩著矮凳子以便登到高處，之後引申為由低處到高處的意思。

「登」的故事

古人騎馬時多是雙腳（屾）踩著矮凳子（豆）登高，才得以登（鼟）上馬背。

085

26

發 ㄈㄚ			
發 →	癶 +	弓 +	殳
⇕	⇕	⇕	⇕
𤼦	𣥠	弓	殳
⇕	⇕	⇕	⇕

「發」的解說

「𤼦」是「發」的古文，由「𣥠」、「弓」和「殳」組成。

「𣥠」是雙腳的意思，更早的古文是「𣥠」，古人以三畫代表五個腳趾，「𤳵」代表腳趾向上的左腳掌，「𤳶」代表腳趾向上的右腳掌，楷化演變成「癶」。

「弓」是弓箭的意思，更早的古字是「𢎨」，楷化演變成「弓」。

「殳」是由「𠬶」和「𠬞」組成，更早的古文為「𠬛」，表示手拿著圓形的棍棒（武器），楷化後成「殳」。其中將「𠬞」最下方那一橫拉長（𠬞），中間那一橫與代表手臂的一豎「𠬞」拉為一條線（𠬞），就變成現在的「又」了。

綜合以上，「發」的意思就是手拿著武器和弓箭，兩隻腳準備好出發行動。

「發」的故事

獵人手拿著武器（殳）和弓箭（弓），啟動了雙腳（𣥠），準備好出發（𤼦）去打獵！

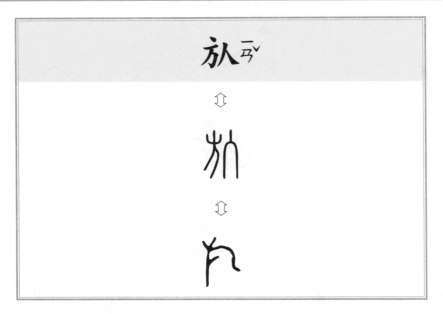

「㫃」的解說

「㫃」是「㫃」的古文,是旗幟飄動的樣子,自古旗幟可聚眾,是部落的標誌。甲骨文作「㫃」,左邊是一根旗桿,旗桿的上端三叉型是個裝飾品,連著旗桿向右下彎的一條折線表示飄起來的旗幟。

旗桿的上端三叉型「㫃」是個裝飾品,文字演變成「㫃」,楷化後成了「㫃」。飄揚或自然下垂的旗幟「㫃」,楷書寫成「㫃」,但和其它部件相組合時就得修改成「㫃」紅色標註部分。

「㫃」的用法

「㫃」本義為旗幟飄動的樣子,現今不單獨使用,只做偏旁,由「㫃」所組合的字都與旗幟的相關涵義有關聯。

2

族 ㄗㄨˊ

族　→　㫃　+　矢

⇕　　　⇕　　　⇕

（古文）　（旗幟）　（矢）

⇕　　　⇕　　　⇕

（甲骨文）　（甲骨文）　（甲骨文）

「族」的解說

　　「㫃」是「族」的古文，由「㫃」和「矢」組成。

　　「㫃」是旗幟的意思，自古旗幟可聚眾，是部落的標誌。甲骨文作「㫃」，左邊是一根旗桿，旗桿的上端三叉型是個裝飾品，連著旗桿向右下彎的一條折線表示飄起來的旗幟。

　　「矢」是矢（箭）的象形，為捍衛族人的武力代表。甲骨文作「矢」。「矢」的前端是箭鏃，用石頭、骨頭、貝殼或動物堅硬的角磨成，「矢」下端交叉的兩條線表示綑在箭杆尾部的羽毛。

　　因此，「族」代表的意思是：用旗幟「㫃」來結合族群，以武力「矢」保障其同族群的生產及生活，這樣就是種族的具象。

「族」的故事

　　在飄揚的旗幟（㫃）下，拿著箭矢（矢）的賽德克勇士們英勇抗日，誓死捍衛族（族）人的尊嚴。

3

旅ㄌㄩˇ

旅 → 扩 + 氐

‖ ‖ ‖

（古文字形） （古文字形） （古文字形）

‖ ‖ ‖

（甲骨文形） （甲骨文形） （甲骨文形）

「旅」的解說

「旅」是「旅」的古文，由「扩」和「从」組成。

「扩」是旗幟的意思，自古旗幟可聚眾，是部落的標誌。甲骨文作「丨」，左邊是一根旗桿，旗桿的上端三叉型是個裝飾品，連著旗桿向右下彎的一條折線表示飄起來的旗幟。

「从」是「从」的古文，有「追隨」的意思。甲骨文作「仌」。小篆之後，隸書作「旅」，楷書寫成「氐」，「人」的形態逐漸消失。

「旅」的原義是：士兵們跟隨（仌）著飄揚的戰旗（丨）行軍征戰。後來商人在領導者的率領下到各地做買賣就稱為「商旅」。而「旅行」的原義指許多人在旗幟的引導下列隊而行，和現今跟團旅行，導遊拿著旗幟讓大家跟著走是一樣的！

「旅」的故事

導遊手拿著飄揚的小旗（扩）帶領團員，團員們跟隨著（从）旗幟四處旅（旅）行。

4 旗 _{ㄑㄧˊ}

旗 → 㫃 + 其

「旗」的解說

「旂」是「旗」的古文，由「㫃」和「其」組成。

「㫃」是旗幟的意思，為「旗」的本字。甲骨文作「」，左邊是一根旗桿，旗桿的上端三叉型是個裝飾品，連著旗桿向右下彎的一條折線表示飄起來的旗幟。

在此，「其」除了是聲旁外也有表義的功能，有「何其、多麼」的意思，以表達出古人對軍旗強烈的情感。甲骨文作「」，是「箕」的本字，本義為用竹子編織而成的簡單農用容器。下面「」為放簸箕的檯子，或是雙手「」的訛變。

「旗」的故事

校慶運動會時，各班把班旗綁在有三叉型裝飾品的旗桿（）上，學校裡一片旗海飄揚，其（）中最獲好評的就是我們班的班旗（）。

5

旋 ㄒㄩㄢˊ

旋 → 㫃 ＋ 疋

「旋」是「旋」的古文，由「㫃」和「疋」組成。

「㫃」是旗幟的意思，自古旗幟可聚眾，是部落的標誌。甲骨文作「㫃」，左邊是一根旗桿，旗桿的上端三叉型是個裝飾品，連著旗桿向右下彎的一條折線表示飄起來的旗幟。

「疋」是「疋」的古文，下方的「疋」表示腳趾、腳掌，上面還有一個沒有封閉起來的圓圈代表膝蓋，金文的「疋」（ ），有很明顯的腳趾、腳掌，還有小腿，上面有個地方特別大，是膝蓋，因此「疋」就是指膝蓋以下的腿，在此表示行動。（「足」小篆作「足」，與「疋」字形極為相似，因此後人便用足來代替疋。）

「旋」的意思即為：獲得勝利的軍隊轉動旗幟，讓軍旗飄揚，歡欣鼓舞的走回營地。

「旋」的故事

拔河比賽，我們班勇奪冠軍，大家揮舞著班旗（㫃），雀躍的走（疋）回教室，還快樂唱著凱旋（旋）歌。

遊 ㄡˊ

遊 → 辶 + 㫃 + 子

「遊」的解說

「㳺」的古文是「🔣」。由「🔣」和「🔣」組成。

「🔣」是旗子，旗子下面有一個孩子（🔣），本指「掌旗的人」。在古代，人們離開世居的土地，也就等同離開守護神的守護範圍，所以都要舉著族旗行動，意思是帶著守護神隨人遷出，因此外出旅行時才高舉族旗。後來「🔣」引申為離開故鄉、外出旅行的意思。

到了小篆，乾脆把這個舉旗外出的行動（🔣）加上「辶」（🔣）部而成了「遊」，以便強調其行動。

「🔣」是「子」的古文，上像頭部，左右是其雙手，中間是身體，下面則是相併的雙腳，整個字形像襁褓中的嬰兒。

「遊」的故事

古代的人出外旅遊（🔣）大都用腳在路上行走（🔣），又因為敬畏鬼神，所以還一定帶著代表神明的旗幟（🔣），來保護他們每一個大人小孩（🔣）。

7

游 ㄧㄡˊ

游 → 氵 + 㫃 + 子

「游」的解說

「㫃」的古文是「𣃚」。由「㫃」和「子」組成。

「㫃」是旗子，旗子下面有一個孩子（子），本指「掌旗的人」。在古代，人們離開世居的土地，也就等同離開守護神的守護範圍，所以都要舉著族旗行動，意思是帶著守護神隨人遷出，因此外出旅行時才高舉族旗。後來「𣃚」引申為離開故鄉、外出旅行的意思。

「㫃」單純作為部件後，小篆便加上「氺」，表示橫渡河水。當「游」固定表示汜水的意義後，便另外再造含有「辶」部之「遊」字，以表「㫃」之原意。（古人稱汜水橫渡河流為游，順著河道而汜為泳。）

「子」是「子」的古文，上像頭部，左右是其雙手，中間是身體，下面則是相併的雙腳，整個字形像襁褓中的嬰兒。

「游」的故事

古代的人離開故鄉出外旅遊，常需要游（ ）泳橫渡河流（ ），又因為敬畏鬼神，所以還要帶著代表神明的旗幟（ ）來保護大人跟小孩（ ）。

1

取 ㄑㄩˇ

取 → 耳 + 又

「取」的解說

「取」的解說

「取」是「取」的古文，由「耳」和「又」組成。

「耳」是耳朵的具象古文，一個十足象形的耳部外貌，後來演變為「耳」，這就是楷書「耳」的前身，其字體演變為：「耳」→「耳」→「耳」。

「又」從「又」演變而來，「又」是手掌手指側面的型態，而右下方的「又」是指連接手掌的手臂，因此「又」、「又」是右手的意思；後來，小篆字體「又」中，將「又」最下方那一橫拉長（又），中間那一橫與手臂的「又」拉為一條線（又），就變成現在的「又」了。「取」表示用手拿著耳朵，古代戰爭一般以取下右耳作為記功的憑據，這就是「取」的本義，後衍生出「帶回」的涵義。

「取」的故事

古代打仗一般都以取（取）下敵人的右耳為記功的憑據，他們的做法是左手拿著耳（耳），右手（又）握刀，一刀將右耳割下。

2

娶 ㄑㄩˋ

娶 → 取 + 女

⇕   ⇕   ⇕

         ⇕   ⇕

「娶」的解說

「娶」是「娶」的古文，由「取」和「女」組成。

「取」是「取」的古文，更早的古文為「取」。「耳」是耳的具象古文，「又」從「又」演變而來，是「又」的古文，為右手的象形。「取」表示用手取拿耳朵，古代打仗一般以取下右耳為記功的憑據，這就是「取」的本義，後衍生出「帶回」。之後以「取」組合的字便有「帶回」的涵義。

「女」像似端莊跪坐、雙手交叉於前的婦女模樣。

古代的婚姻為搶婚制，是把另一部落的女子搶回來作太太，故以「取女」作為「娶」妻的意思。

「娶」的故事

聽說古早的「結婚」是由部落中的一群人，在黃昏時候，將另一個部落的漂亮女（女）生給搶回來，所以稱之為「結昏」，後改為「結婚」。這種搶取（取）硬奪的做法是殘暴的，就如古代人打仗，手（又）拿敵人血淋淋的耳朵（耳）只為滿足自己記功的私慾一樣。

3

聚 ㄐㄩˋ

聚 → 取 + 𠂤

「聚」的解說

「𦥔」是「聚」的古文，由「取」和「𠂤」組成。

「取」是「取」的古文，更早的古文為「𠂤」。「𦣻」是耳的具象古文，「又」從「𠂤」演變而來，是「又」的古文，為右手的象形。「取」表示用手取拿耳朵，古代打仗一般以取下右耳為記功的憑據，這就是「取」的本義，後衍生出「帶回」。之後以「取」組合的字便有「帶回」的涵義。

「取」在此是「取女」的意思，便是由「取」衍生出來的，後分化為「娶」。「取女」所以為「娶」，著重在娶回的是女人，又搶婚時需要眾多人手幫忙才可成功，故「聚」（𦥔）便是「取」加了代表很多人的「𠂤」而成，表示很多人（三人）聚在一起為「取女」而努力。

「聚」的故事

聽說古早的人想要娶老婆，便會在黃昏時，聚（𦥔）集部落的很多人（𠂤），合力將另一個部落的漂亮女生給強取（取）回來，這就是搶婚的習俗。因為常在天色昏暗的黃昏進行，所以稱之為「結昏」，後改為「結婚」。

4

眾 ㄓㄨㄥˋ

眾 → 罒 + 𠘧

⇕ ⇕ ⇕

𦋻 目 㸚

⇕ ⇕ ⇕

𦋻（昂） 目 㸚

「眾」的解說

「𦋻」是「眾」的古文，由代表眼睛的「目」和表示很多人的「㸚」組成，但也有「昂」這樣的古文，是由太陽（日）和三個人（㸚）所組成，這表示炎熱的太陽下有很多彎腰勞動的人。金文的「𦋻」，上面的「日」換成「目」，意味著統治者的一顆大眼睛在監視群眾勞動。不管哪一種古文，都表達「眾」就是眾多人的意思。

「㸚」是三個臉向左側身直立的人（𠄌），古人常以三來代表多數，不是真的只有三人唷。

「眾」的故事

聽說古早的人很不注重人權，常常奴役工人，管理者會在大太陽底下瞪大眼睛（目）看著勞工（㸚）汗水淋漓的工作，都不讓他們休息。

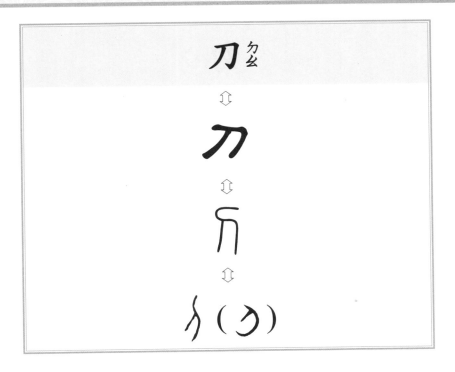

刀ㄉㄠ

↕

刀

↕

↕

⟨⟩

「刀」的解說

「⟨⟩」是「刀」的古文，上部「⟨⟩」是刀柄，下部「⟨⟩」是刀頭，組合起來就是「刀子」的形狀。有時也呈現「⟨⟩」這種字形的古文，或者以「刂」形態與其他部件組合成合體字，例如：「利」。

「刀」的故事

拿菜刀（⟨⟩）時一定要注意安全，手握著刀柄（⟨⟩），不可直接拿著刀頭（⟨⟩），這樣很容易受傷。

2

$$勿 \rightarrow 勹 + 彡$$

勿 ⇕ 勹(丿) ⇕ 彡

「勿」的解說

「彡」是「勿」的古文，由「丿」和「彡」組成。

「彡」在「丿」上多了三點「彡」，這三點代表用刀切割物品時，刀上沾附了物品的碎屑，但這些碎屑是無用、不要的，所以「勿」的本義就是「不要」的意思。

「丿」是「刀」的古文，上部「丿」是刀柄，下部「丿」是刀頭，組合起來就是「刀子」的形狀。有時也呈現「刀」這種字形的古文，或者以「刂」形態與其他部件組合成合體字，例如：「利」。「丿」在此訛變成「勹」的型態。

「勿」的故事

勿（彡）的本義是「不要」的意思，就像廚師切完菜之後，洗掉菜刀（丿）上不要的菜渣（彡）一樣。

切
⟨
ㄑㄧㄝ

切 → 七 + 刀

⇕　　　⇕　　　⇕

切　　　七　　　刀

　　　　⇕　　　⇕

　　　　十　　　 (刀)

「切」的解說

「切」是「切」的古文，是個形聲字，由「七」和「刀」組成，因為刀可以割斷東西，所以刀成為「切」的形符。

「刀」是「刀」的古文，上部「刀」是刀柄，下部「刀」是刀頭，組合起來就是「刀子」的形狀。有時也呈現「刀」這種字形的古文，或者以「刂」形態與其他部件組合成合體字，例如：「利」。

「切」左邊的「七」是「七」不是「土」，「七」更早的古文寫做「十」，由「一」和「｜」組合，表示用「｜」把「一」從中切開。「七」是「切」的初文，原意為「切分」，同時也是「切」字的聲符。後來「七」假借為數詞，所以加「刀」成了「切」字。

「切」的故事

這把刀（刀）非常鋒利，能夠將橫擺（一）的甘蔗一刀下去（｜），切（切）成七（七）段。

4

則 ㄗㄜˊ

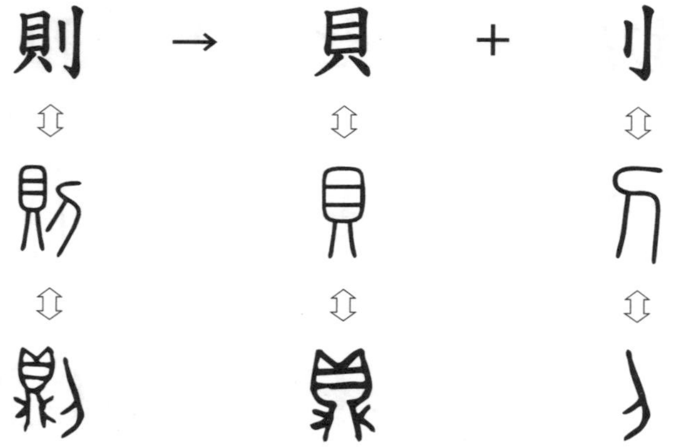

則 → 貝 + 刂

「則」的解說

「」是「則」的古文，由「」和「」組成。

「」是「鼎」的古文，古時候多將刑書律法鑄於大鼎上，作為人民行動的法則。古文的鼎（）很像貝（），貝的字體演變為「」→「」，後來「」就訛變成「貝」（），「」也訛變成「」加「」的「」，所以「則」的原義為「準則」。

「」是「刀」的古文，上部「」是刀柄，下部「」是刀頭，組合起來就是「刀子」的形狀。有時也呈現「」這種字形的古文，或者以「刂」形態與其他部件組合成合體字。「」表示用刀在鼎上刻劃律法，提醒人民要遵守規則。

「則」的故事

古人將法律用刀（）刻在大鼎（）或貝殼（）上，用來提醒自己要遵守規則（）。

5

利 ㄌㄧˋ

利 → 禾 ＋ 刂

「利」的解說

「利」是「利」的古文，由「禾」和「刀」組成。

「禾」像稻禾的形狀，中間像禾莖，上邊左右向上斜出的筆畫是禾葉「禾」，下邊左右向下斜分的筆畫是禾根「禾」，最上邊向下垂的一畫「禾」是稻穗成熟下垂的形狀。

「刀」是「刀」的古文，上部「刀」是刀柄，下部「刀」是刀頭，組合起來就是「刀子」的形狀。一般刀子是橫放的，但早期漢字的書寫需刻劃在竹簡上，所以整個字體都隨著豎立起來。

由刀（刀）和禾（禾）組合起來的「利」，表示能割斷稻禾的刀一定很「鋒利」。

「利」的故事

秋天收成時，農夫們需要一把鋒利（利）的刀子（刀）來收割稻禾（禾）。

105

6

列 ㄌㄧㄝˋ

列 → 歹 + 刂

「列」的解說

「肰」是「列」的古文，由「肖」和「刀」組成。

「刀」是「刀」的古文，上部「刀」是刀柄，下部「刀」是刀頭，組合起來就是「刀子」的形狀。有時也呈現（刀）這種字形的古文，或者以「刂」形態與其他部件組合成合體字。

「肖」是「歹」的古文，更早的古文寫做「占」，是指將骨肉分離後殘留的骨架，「肖」上半部是骨節相連處，只是上面連結的骨蓋不見了，而「占」則像有裂痕的殘骨。故「占」的意思為枯骨殘破不全，代表沒有血肉的殘骨。

「列」的原義是用刀（刀）分解殘骨（肖），殘骨原本殘破不全，再經刀砍擊，便碎裂，所以古人以「肖」和「刀」體現「碎裂」之意。但現今「列」並非破裂之意，所以加了「衣」成為「裂」，以表原義。

「列」的故事

古時風俗，土葬後一段時日要「撿金」，師傅用刀（刀）快速的將殘骨（肖）分開。雖然一不小心骨頭會裂開，但會將它從下而上堆疊排列（肰）在一起，就像一個人坐著一樣。

1

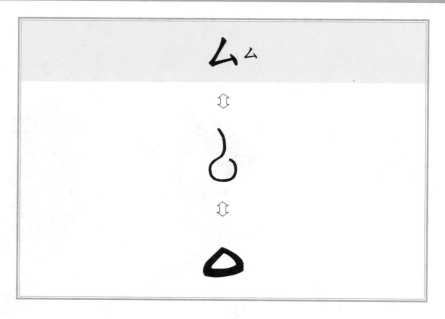

「厶」的解說

「𠯑」是「厶」的古文，像繩索挽做圈套的形狀，代表用來綑住稻禾的繩索。古人農耕實行井田制度，井字中間的那一塊田地是政府的公有地，由農夫們輪流耕種，並將收成交給政府，如果農夫貪心，私自收割田裡的稻子，並用繩索綑住（𠯑）私藏起來，那就是自私（𥝌）的行為，所以「厶」即為「私」的本字。

「厶」的用法

「厶」為「私」的本字，本義為繩索挽做圈套的形狀，因為用來綑住稻禾，所以就加了「禾」而成了「私」，現今「厶」只成偏旁，不單用。

2

公 ㄍㄨㄥ

公 → 八 + ム

公平的政策。

「公」的解說

「公」是「公」的古文，由「八」和「ム」組成。

「八」是「扒」的古文，代表分開的意思，「ム」像繩索挽做圈套的形狀，代表用來綑住稻禾的繩索，公（公）原本的意思是扒（八）開用繩索綑住（ム）的稻禾，分配給大家，使它變公有。

古人農耕實行井田制度，井字中間的那一塊田地是政府的公有地，由農夫們輪流耕種，並將收成交給政府。如果政府願意扒（八）開用繩索綑住（ム）的稻禾，平分給農夫們，就是一種公（公）平的做法。

「公」的故事

饑荒時，官員扒（八）開用來綑住稻禾的繩套（ム），將稻米平均分配給一起種田的農家們，真是公（公）平的政策。

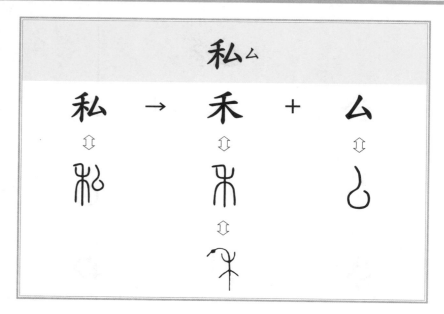

「私」的解說

「私」是「私」的古文，由「禾」和「厶」組成。

「禾」更早的古文是「禾」，表示稻禾的形狀，中間是禾莖，「禾」最上面向下垂的一畫是稻穗成熟下垂的形狀，「禾」上半部左右向上的筆畫是禾葉，「禾」下半部左右向下的筆畫是禾根。「厶」像繩索挽做圈套的形狀，「私」代表用繩索綑住稻禾。

古人農耕實行井田制度，井字中間的那一塊田地是政府的公有地，由農夫們輪流耕種，並將收成交給政府。如果農夫貪心，偷偷收割田裡的稻子（禾），並用繩索綑住（厶）私藏起來，那就是自私（私）的行為。

「私」的故事

貪心的農夫在半夜時偷偷收割公田，並將繩索繞成厶（厶）形的圈套，將稻禾（禾）綑住藏起來，真是太自私（私）了！

4

分 ㄈㄣ

分　→　八　＋　刀

⇕　　　⇕　　　⇕

川　　　八　　　ﾄ

⇕　　　⇕　　　⇕

分　　　八　　　勹

「分」的解說

「川」是「分」的古文，由「八」和「勹」組成。

「八」是「扒」的古文，原本只用左右二撇表示兩物被分開，楷化後成為「八」，之後「八」被借用為數量名詞，就將「八」加個「扌」變成扒開的「扒」。

「勹」是「刀」的古文，上部「ﾄ」是刀柄，下部「勹」是刀頭，組合起來是「刀子」的形狀。

甲骨文在「八」的下面加入「勹」變成「分」，表示用刀（勹）把一個東西割開（八）就叫做分（分）。

「分」的故事

吵架的時候，小朋友舉起手刀（勹）把一起堆的砂堡劈成兩半（八），表示兩人之間的友情分（川）裂了。

111

5

粉 ㄈㄣ

粉 → 米 + 分
⇕　　　⇕　　　⇕
粉　　　米　　　从
⇕　　　⇕　　　↙　↘
粉　　　米（⺀⺀）　　　八（+ 刀）

「粉」的解說

「粉」是「粉」的古文，由「米」和「从」組成。其中有「米」的部件是因為麵粉、米粉等屬米麥製品，所以用「米」為義符，「从」則表示字的發音，因此「粉」為標準的形聲字。

「米」是「米」的古文，比「米」更早的古文是「⺀⺀」，是稻穗梗上布滿穀粒的樣子；「一」是稻穗梗，而在其上下各加三點表示在梗上有很多穀粒，古人常以三代表多數，而穀粒是米粒的前身，故以「⺀⺀」和「米」做為「米」的古文。

古文「从」的中間是一把刀，其兩側是一個八字（分開的意思）；用刀把一個東西割開就叫做「分」。「刀」是「刀」的古文，上部「刀」是刀柄，下部「刀」是刀頭，組合起來是「刀子」的具體形狀。

由「米」和「从」組合的「粉」，就有了將米麥製品細分作細小狀態的意思，也有碾碎、碎爛等涵義。

「粉」的故事

米要做成米粉（粉）之前，得先將米（米）磨成米漿，然後蒸熟製成線條狀，最後用刀（刀）分（八）切成一絲一絲的。

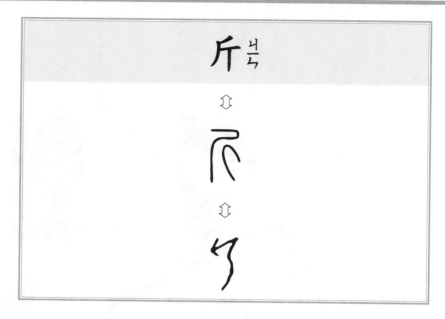

「斤」的解說

「勺」是「斤」的古文，原義是個像斧頭一般的利器，後來演變為「厃」。「厃」的左上「厃」像橫向的利刃，左下「厃」像長長的手把，右下「厃」則是刨下的木片，以此襯托出斧頭的涵義。

「斤」的用法

「斤」本義為砍木的斧頭，後來被借用為重量單位，所以又造了「斧」字，不過與「斤」所組合取義的字都與斧頭等相關涵義有關聯。

114

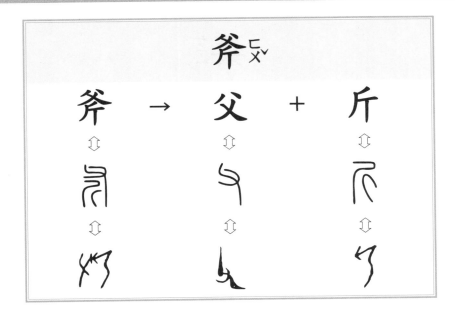

 「斧」的解說

「」是「斧」的古文，由「」和「」組成。

「」是「斤」的古文，原義是個像斧頭一般的利器，樣子像「」，「」的左上「」像橫向的利刃，「」左下像長長的手把，「」右下則是刨下的木片，後人把「斤」借用於重量單位，於是另加上父的聲符成為「斧」來表示斧頭。

「」是「父」的古文，從「」、「」兩個古字形都看得出有右手持杖的樣子。「」、「」字形上方豎線為杖，「」、「」圈起來的部分為右手，杖為長條形的木棍，可用以指揮，展現權力，「」代表父權。

因為「」原義就是斧頭，所以由「斤」所組成的字都有擊、砍、截的意思，例如：折、所、新。

「斧」的故事

古代的父（）親幾乎天天都要使用像斧（）頭這類的利器（）砍樹砍柴，這樣家裡才有木柴，可以燒來取暖或煮飯。

3

兵 ㄅㄥ

兵 → 斤 + 六

「兵」的解說

「兵古文」是「兵」的古文，由「雙手」和「斤」組成。

「兵古文」整體像似兩手「雙手」拿著利斧「斤」的樣子，後引申為手持武器的士兵。

「斤」是「斤」的古文，原義是個像斧頭一般的利器，後來演變為「斤篆」，左上「刃」像橫向的利刃，左下「把」像長長的手把，右下「片」則是刨下的木片，以此托出斧頭的涵義。

「雙手」是具體的雙手狀，在文字的演變後，「雙手」成了「**兵**」下面的部分。「斤」在與雙手「雙手」結合後縮短了下半部，且又楷化成了「**兵**」的形體。

「兵」的故事

古代士兵（兵古文）用雙手（雙手）拿著斧頭武器（斤）前往沙場作戰。

4

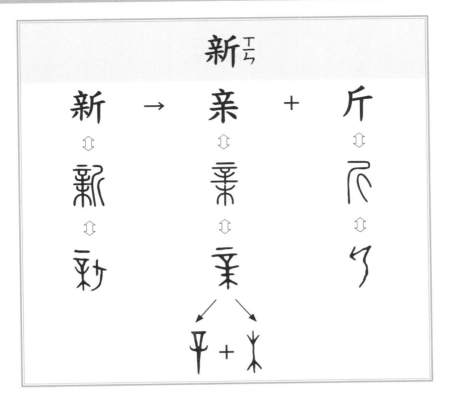

新ㄒㄧㄣ

新 → 亲 + 斤

「新」的解說

「」是「新」的古文，由「亲」和「斤」組成。

「亲」又可分析出「辛」和「木」。「辛」的另一古文為「平」，像曲刀正面的樣子，在此代表傷害。「木」是樹木的象形文字，「辛」和「木」組合後，有尖刀傷害樹木的意思。

古人以斧頭（斤）砍樹取木作為燒火用的柴料，而樹木被砍皆為新傷，於是「新」引申出開始不久、不陳舊的意思，而供燒火用的柴料改稱為「薪」柴。古時薪和水是生活的必需品，後來把薪水引申為俸祿，也就是工資的意思。

「新」的故事

古人以銳利的斧頭（斤）砍樹取木（木）作為燒火用的薪柴，但是樹木剛被砍（亲）時皆為新（新）傷，要等乾了後才能當做燃燒的薪柴。

5

折 ㄓㄜˊ

折 → 扌 + 斤

⇕   ⇕   ⇕

（篆文）   （篆文）   （篆文）

⇕   ⇕   ⇕

（古文）   （古文）   （古文）

 「折」的解說

　　「折」是「折」的古文，由「中」和「勺」組成。

　　「中」以上下兩個不連接的斷草來表示斷裂、分開的意思，又，斷草疊放在一起「中」形似「屮」所以到了篆文才演變成「折」。「折」原義為用斧頭砍斷草木以體現出折斷的意思，而非「手拿著斧頭」。

　　「勺」和「斤」都為「斤」的古文，原義是個像斧頭一般的利器，文字的演變為：「勺」→「斤」→「斤」。「斤」左上像橫向的利刃，「斤」左下像長長的手把，「斤」右下則是刨下的木片，以此托出斧頭的涵義。

　　「屮」是「手」的古文，是五隻手指都清楚顯現的手掌，當手被當成部件需要和其他的部件組合在一起時，就要變成「扌」形態。

 「折」的故事

　　調皮的<u>小元</u>拿著斧頭（勺）在花園亂揮、亂砍，花草（中）都因此折（折）斷了。

118

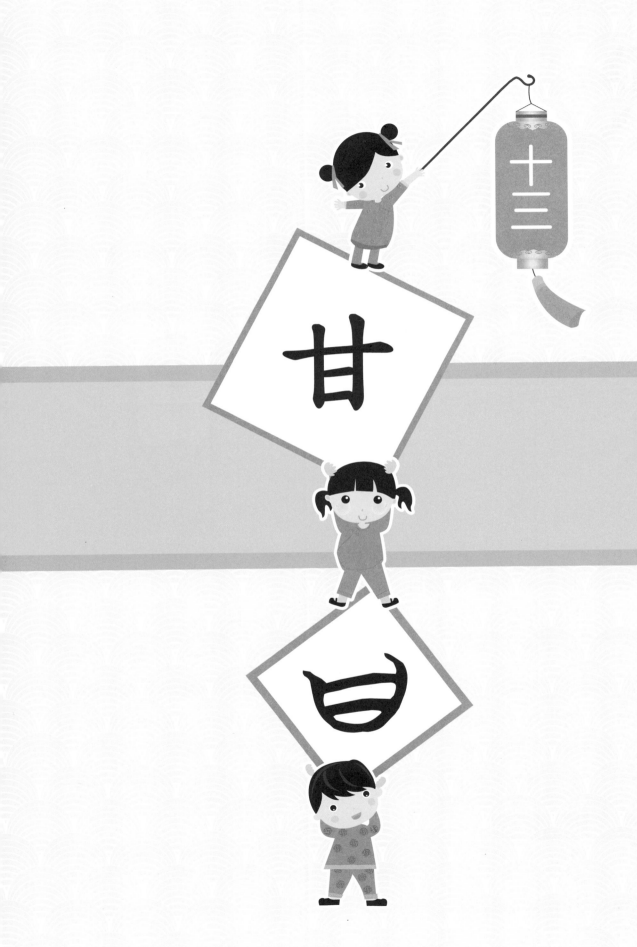

甘 《ㄢ

$$ 甘 \rightarrow 廿 + 一 $$

甘	→	廿	+	一
⇕		⇕		⇕
甘(古)		廿(古)		-
⇕		⇕		⇕
甘(古)		廿(古)		-
⇕		⇕		⇕
甘(古)		廿(古)		一

「甘」的解說

「甘」是「甘」的古字，由「口」和「一」組成。

「口」是「口」的古字，像張開的嘴巴，兩旁還有上揚的嘴角，楷化後省略了兩旁的嘴角，大多寫成方正的四方形，在此訛變成「廿」，雖與二十的簡寫相似，但無意義上的關聯。

在「甘」中紅色標示為口（口）中置放的食物（一）。

「甘」本意為美好，古文形像口（口）內含有食物（一），代表口中有物咀嚼，以表示食物的甘美。我們都知道澱粉類食物到了口腔，口腔內的唾液酵素便會把這澱粉變成糖，古人應該是觀察到這種現象，所以用口腔內放置食物來體現甘甜的意思。

「甘」的故事

古人發現口（口）腔內放置澱粉類食物（一）進去嚼一嚼，等一下就會有甘（甘）甜的味道出現。

120

2

甜 ㄊㄧㄢˊ

甜 → 舌 ＋ 甘

⇕   ⇕   ⇕

甜(古文)   舌(古文)   甘(古文)

     ⇕   ⇕

     舌(更古)   甘(更古)

「甜」的解說

「甜(古文)」是「甜」的古文，由「甘(古文)」和「舌(古文)」組成。

「甘(古文)」是「甘」的古字，本意為美好，其古文字形像口（甘(古文)）內含有食物，在「甘(古文)」內有「一」，代表口中有物咀嚼，以表示食物的甘美。

「舌(古文)」是「舌」的古文，更早的古文為「舌(更古)」，一個十分具體「張口顯現舌頭」的樣貌，在舌頭上的四點「舌(更古)」代表口內有食物，而在舌頭底下加了口，就是襯托上面的舌頭。

時間推移，「甜(古文)」楷化後書寫成「甜」，雖然「舌」和「甘」的左、右位置交換了，但意義上未曾改變，一樣以舌頭內有味甘的食物來體現甜美。

「甜」的故事

當我們吃了米飯，舌（舌(古文)）內的唾液酵素便會把這澱粉變成糖，那甘（甘(古文)）甜（甜(古文)）的味道就會跑出來。

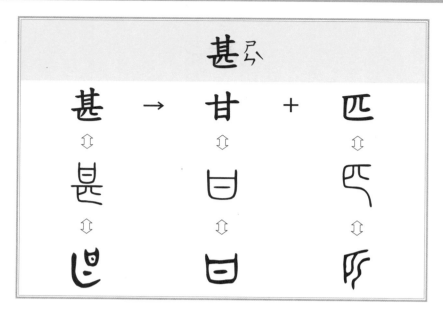

「甚」的解說

　　「是」是「甚」的古文，由「甘」和「匹」組成。

　　「甘」是「甘」的古文，本意為美好，其古文字形像口（甘）內含有食物，在「甘」內有「一」，代表口中有物咀嚼，以表示食物的甘美。

　　「匹」是「匹」的古文，「匹」是更早的古文，形狀像似櫃子裡摺疊保存的一匹布形。古人束布帛時，兩端各二丈對捲為一匹，因此從兩端的意象引申出「相當」、「相對」、「相配」，後引申有「匹配、夫婦」的意思。

　　古人認為夫婦之間相處的甘甜是人情中最大的安樂，所以用「甘」、「匹」組成的「是」表示：安樂甜美極了。由此「甚」又引申出強調程度的詞彙，如「極」、「尤」、「很」等意思。

「甚」的故事

　　古代婚姻講究「門當戶對」，找一位身分學識相匹（匹）配的人當夫妻，相處起來和順，日子自然過得甘（甘）甜極了，甚（是）至他們認為這比什麼都還重要呢。

1

頁 ㄧㄝˋ

頁 → 百 + 儿

「頁」的解說

「𦣻」是「頁」的古文,由「𦣻」和「儿」所組成。因為「頁」的意象著重在頭部,所以上半部頭的形狀「𦣻」畫得特別仔細,連頭髮、眼睛都點畫出來了。下半部「儿」是一個跪坐的人形,因為古人都採跪坐的姿態,所以用「儿」來代表一個靜止的人。在此,「儿」的演變為:「儿」→「儿」→「儿」→「頁」。

「𦣻」本就是「頁」的原形,就是現在「頭」的意思。每個頭都有一張面孔,就像一張紙一樣,所以被假借為紙張一頁、二頁的單位量詞,後來只好造了以「豆」取聲符為「頭」字來代表頭顱。現今以「頁」為部首的字大多與頭顱有關,這顯現出「頁」是「頭」的證據。

「頁」的故事

北方人身形高瘦、頭形長而扁,和一般人相較高出一個頭,所以平視下只能看到身軀和手腳(儿),看不到頂部的頭髮(𦣻),故稱頭部為「頁」(𦣻),後來也把「頁」用在長扁狀的物品單位上,如一頁書。

首 ㄕㄡˇ

首 → ◝◟ ＋ 百

（圖形演變對照）

「首」的解說

「🐟」是「首」的古文，有明顯的頭髮「⿱」和臉「⿱」，是具體頭部的寫照。

古人觀察到北方人身形高瘦，南方人相較之下較為矮胖，所以乍看之下北方人只能看到身軀和手腳，看不到頂部的頭髮，故稱頭部為「頁」，而把南方人較為圓短的頭形稱作為「首」。

因南方人頭圓、個子矮小，和一般人相較矮了一個頭，故平視下可看見頭髮「⿱」和臉「⿱」，但見不到手腳，所以「首」沒有「頁」下半部的手腳和身軀（🐟），而強調了頭頂端的毛髮（⿱）。

「頭」是軀體的開端，有事務的開始或帶領之意，故稱部落中帶領大家的人為「首領」，北方人則稱之為「頭頭」。

「首」的故事

古代各個部落的領導人聚合在一起時，南方部落首（⿱）領的個子比別人矮了一個頭，在人群中只能看到首領的頭髮（⿱）和臉（⿱），看不到他下半身的手腳。

125

1

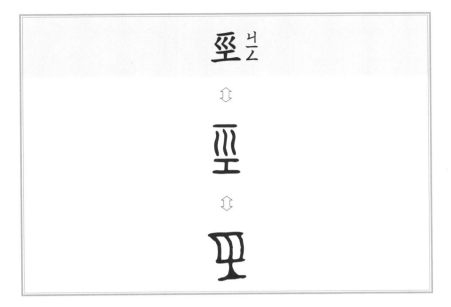

 **「坙」的解說**

　　「巠」是「坙」的古文， 像個已經上線的織布機，其中紅線圈起來的部分「巠」是機杼支架，也是物體中支撐整體的中軸部位，「坙」是織布機上直而長的縱線，也就是經線，後來「坙」只做偏旁用，所以就再加個「糸」以強化「經」線的意思；凡是含有「坙」部件的字都有直而長的涵義。

「坙」的用法

　　「坙」本指織布機上直而長的縱線，後來不單用，只做偏旁使用，所以就再加個「糸」以強化「經」線的意思。凡是含有「坙」部件的字都有「直而長」或「貫通」的涵義。

經 ㄐㄧㄥ

經　→　糸　+　巠

⇕　　　⇕　　　⇕

經　　　糸　　　巠

⇕　　　⇕　　　⇕

經　　　糸　　　巠

「經」的解說

　　「經」是「經」的古文，由「糸」和「巠」組成。

　　「糸」是「糸」的古文，後來演變為「糸」，用來表示一束細絲。右邊的「巠」像個已經上線的織布機，其中紅線圈起來的部分「巠」是機杼支架，也是物體中支撐整體的中軸部位，「巠」是織布時用的直而長的縱線，也就是「經」線，後來「巠」只做偏旁用，所以就再加個「糸」以強化「經」線的意思；凡是含有「巠」部件的字都有直而長的涵義。

「經」的故事

　　古代人織布時，拿著一束束的絲（糸）縷，一條條的放在織布機（巠）上，形成直而長的經（經）線，直的經線和橫的緯線交疊，就可以織成布匹。

128

3

頸 ㄐㄧㄥ

頸 → 巠 + 頁

(篆書字形對照圖)

「頸」的解說

「頸」是「頸」的古文，由「巠」和「頁」組成。

「巠」是「巠」的古文，另一個古文為「𡿧」，像個有線的織布機，其中紅線圈起來的部分「𡈼」是物體中支撐整體的中軸部位。含有「𡈼」部件的字都有直而長的涵義。

「頁」是「頁」的古文，另一個古文為「𩑋」，由「𦣻」和「𠤎」組成。「𩑋」上半部頭的形狀，畫得特別仔細，連頭髮、眼睛都點畫出來了。下半部「𠤎」是一個跪坐的人形，因為古人都採跪坐的姿態，所以用「𠤎」來代表一個靜止的人。「𩑋」本就是「頁」的原形，就是現在「頭」的意思。

所以「頸」（頸）代表支撐整體頭（頁）部的中軸部位（𡈼），而且是直而長的樣子。

「頸」的故事

人體連接頭部（頁）和身體的，是一段直而長（𡈼）的頸（頸）部，它是支撐整體頭部的中軸部位。

4

莖 ㄐㄧㄥ

莖 → 艹 ＋ 巠

⇕   ⇕   ⇕

茥   屮屮   坙

                                             ⇕

                                           巠

「莖」的解說

「茥」是「莖」的古文，由「屮屮」和「坙」組成。

「屮屮」是「艹」的古文，就像兩根小草的形狀，代表植物的意思。

「坙」是「巠」的古文，另一個古文為「巠」，像個已經上線的織布機，其中紅線圈起來的部分「坙」是機杼支架，也是物體中支撐整體的中軸部位，

「巠」是織布時用的直而長的縱線，所以凡是含有「巠」部件的字都有直而長的涵義。

植物（屮屮）本體擁有直而長的主幹，它是支撐植株整體中軸部位，我們通常稱為植物的莖（茥）部。

「莖」的故事

每一株植物（屮屮），都有直直長長（巠）的莖（茥），它支撐了植株整體的重量，大多上面還長滿了許多的葉、花和果實。

5

徑 ㄐㄧㄥ

徑 → 彳 + 坙
↕   ↕   ↕
徑   彳   坙
         ↕   ↕
         彳   坙

「徑」的解說

　　「徑」是「徑」的古文，由「彳」和「坙」組成。

　　「彳」是「彳」簡化後的篆文，又，「彳」是「行」的古文，代表四通八達的通道，而道路是人所行走的，所以引申為「行走」的意思。也因此以「彳」為部首的字都與道路或行走有關。「坙」是「坙」的古文，另一個古文為「坙」，像個已上線的織布機，「坙」是機杼支架，也是物體中支撐整體的中軸部位，「坙」是織布時用的直而長的縱線，所以凡是含有「坙」部件的字都有直而長或貫通的意思。

　　例如兩目的地之間使用直線「坙」連接起來的捷徑道路「彳」，就是「徑」（徑）。

「徑」的故事

　　古代人常常選擇直而長（坙）的道路行走（彳），久而久之就形成了一條條的小徑（徑）。

6

脛 ㄐㄥ

脛 → 月 + 巠

⇕ ⇕ ⇕

⑧脛 ⑧月 巠

⇕ ⇕

月 巠

「脛」的解說

「脛」是「脛」的古文，由「月」和「巠」組成。

「月」是「月」的古文，用來表示一塊切好的肉，古文字形與「月」相似，但上面的斜線更像肌肉的紋理。

「巠」是「巠」的古文，另一個古文為「巠」，像個已經上線的織布機，其中紅線圈起來的部分「巠」是機杼支架，也是物體中支撐整體的中軸部位，「巠」是織布時用的直而長的縱線，所以凡是含有「巠」部件的字都有直而長或貫通的涵義。

人體的整條腿是肉（月）做的，支撐整條腿的直而長（巠）的中軸部位，就是小腿（脛）。小腿前側中軸的骨頭即稱作「脛骨」。

「脛」的故事

人體的整條腿是肉（月）做的，支撐整條腿的直而長（巠）的中軸部位，就是小腿脛（脛）部。

1

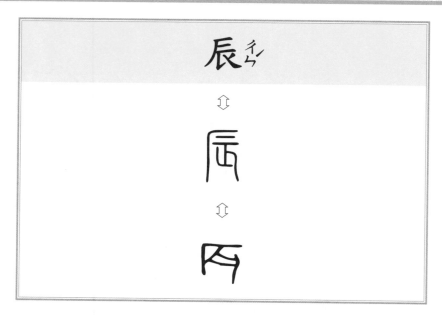

 「辰」的解說

　　「」是「辰」的古文，是個大蛤蜊將軟軟肉足及口器伸出殼外的形象，古人直接繪出大蛤蜊的外型及特徵而成。「」紅線標示的是蛤蜊伸出來的腹足及口器，也就是「辰」圈起來的紅色部分；而蛤蜊有角度的外緣（）就是辰字的左上角（辰），古人用外形及特徵體現了「辰」字及其所代表的涵義。

　　古代農夫常在早上七到九點日出之時（辰時），拿著大貝殼（）作為農具下田掘地鬆土，久了之後就把使用貝殼的時間與「辰時」連結，後又引申為時間的用詞，如時辰。

 「辰」的用法

　　「辰」的本義是將肉足及口器伸出殼外的大蛤蜊，現今可單用也可做偏旁，凡是含有「辰」部件的字大多與貝殼的習性或用處等涵義相關聯。

十六 辰

晨 （ㄔㄣˊ）

晨 → 日 ＋ 辰

「晨」的解說

「𦥑」是「晨」的古文，由「𦥑」和「辰」組成。

「𦥑」字上半部是由上往下拿東西的雙手，應寫成「臼」（𦥑），後來訛寫成「日」。「辰」是個將軟軟肉足及口器伸出殼外的大蛤蜊形象，由古人直接繪出大蛤蜊的外型及特徵而成。

古代用堅硬的大貝殼（辰）當作掘地鬆土的農具，所以「𦥑」用來表示以手拿貝殼挖土之意；也就是雙手（𦥑）拿著「辰」下田翻土耕種的意思。又，古代農耕都在日出之時（七到九點，辰時）下田工作，所以「晨」引申為黎明的意思。

「晨」的故事

古代的人耕地要早起，太陽（日）升起後，在早晨（晨）七點到九點時（辰時），就要雙手（𦥑）拿著堅硬的大貝殼（辰）去掘地鬆土了。

3

農 ㄋㄨㄥˊ

農 → 曲 + 辰

「農」的解說

「農」是「農」的古文，由「」和「」組成。「農」上半部的「」像手拿篩子（）收成，更早的古文「」指開發林地從事農耕，楷化後「」訛寫成「曲」。

下半部的「辰」是指將軟軟肉足及口器伸出殼外的大蛤蜊（）形象，「」是蛤蜊伸出來的肉足及口器，也就是「辰」圈起來的紅色部分；而蛤蜊有角度的外緣（）就是辰字的左上角（辰），古人用 外形及特徵體現了「辰」字及其所代表的涵義。古代用堅硬的大貝殼（）當作掘地鬆土的農具。

古代人手拿篩子（）收成，並且手持蚌殼（）製作的農具耕種，意味著從耕種到收割的「農」事之意。

「農」的故事

古代的農（）夫秋收時用手拿篩子（）篩穀物，春耕時手拿著蚌殼（）製作的農具來翻土，這就是農夫的農耕生活。

136

4

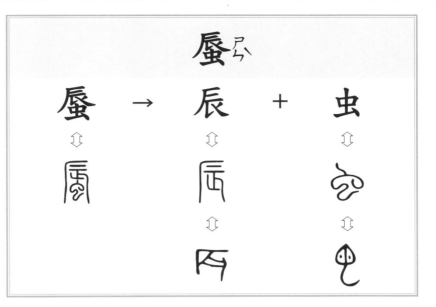

蜃 ㄕㄣˋ

蜃 → 辰 ＋ 虫

「蜃」的解說

「匽」是「蜃」的古文，由「厎」和「它」組成。

「厎」更早的古文為「卪」，是個將軟軟肉足及口器伸出殼外的大蛤蜊形象。「它」的甲骨文為「它」，以立形表現蛇的樣子，上像蛇頭（它），下像委曲的身、尾（它），後來以「它」之形純由線條表現，凸顯蛇頭的昂揚吐信（它），以及彎曲多變的身、尾（它）。古人將一些小型動物都概括稱之為「虫」，所以也將這種會倏然開合的大貝殼歸類為「虫」了。

當「辰」被假借為時間的名詞後，這個描寫大蛤蜊的字就順勢加了「虫」而成了海市「蜃」樓的「蜃」字。傳說蜃（匽）能吐氣而形成樓台城市等景觀。

「蜃」的故事

海市蜃（匽）樓是一種假象，往往出現在沙漠或水面上，有時也會將大貝殼（卪）伸出來的肉足看成會動的蟲（它）呢！

5

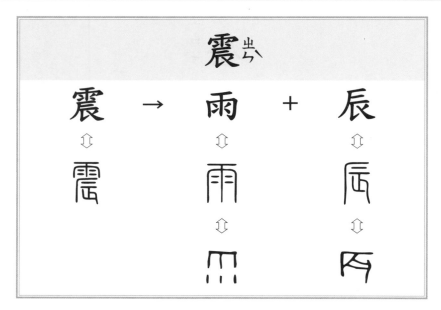

「震」的解說

「震」是「震」的古文，由「雨」和「辰」組成。

「辰」、「辰」都是「辰」的古字，是個將軟軟肉足及口器伸出殼外的大蛤蜊形象，「辰」紅色標示的是蛤蜊伸出來的肉足及口器，也就是「辰」紅色圈起來的部分；而蛤蜊有角度的外緣（辰）就是辰字的左上角（辰），古人用⚫外形及特徵（貝殼倏然的閉合或展開所產生的振動）體現了「辰」字及其所代表的涵義。「雨」是「雨」的古文，更早的古文「雨」更像從雲層掉下水滴的樣子，古人以此表雨水的意義。

貝殼有倏然閉合或展開的特點，而且開閉振動時會發出啪的聲響，所以古人認為雨天（雨）傳來陣陣雷震聲，就像大貝殼振動的聲響（辰）一樣，因而使用「雨」和「辰」體現雨天雷聲震震（震）的情形。

「震」的故事

下雨（雨）天雷聲震震（震），雷聲之大很嚇人，連大貝殼（辰）也快速的閉合起來，關閉時發出啪的聲響，很像微小雷聲呢！

138

6

娠 ㄕㄣ

娠 → 女 ＋ 辰

⇕　　　⇕　　　⇕

（古文字）

⇕　　　⇕

（古文字）

「娠」的解說

「　」是「娠」的古文，由「　」和「　」組成。「　」更早的古文「　」，就像端莊跪坐（　）、雙手交叉於前（　）的婦女模樣。

「　」及「　」是「辰」的古文，是個將軟軟肉足及口器伸出殼外的大蛤蜊形象，「　」紅色標示的是蛤蜊伸出來的肉足及口器，也就是「辰」紅色圈起來的部分；而蛤蜊有角度的外緣（　）就是辰字的左上角（辰），古人用　外形及特徵（貝殼倏然的閉合或展開所產生的振動）體現了「辰」字及其所代表的涵義。

婦女（　）懷孕時，胎兒在腹中規律的胎動現象叫妊娠（　），即是由「女」和「辰」組合以會其意。

「娠」的故事

婦女（　）懷孕時，胎兒在孕婦腹中手腳動作而產生的規律胎動現象就稱作妊娠（　），這種胎動就如大蛤蜊（　）伸出肉足於殼外時產生的振動情形一般。

章

「韋」的解說

「 」是「韋」的古文，由「 」和「口」組成。

「 」另一個形體的古文是「 」，而比「 」更早的古文是「 」，後來減省成「 」。「 」是衛兵環狀保衛城池的意思，中間的「口」指的是神社或城池，在古代皆為重要的建築物，因此需派兵守衛。在「口」周圍的「 」是兩個足印，即代表駐守的衛兵。

為了保護家園，擔任衛兵的人，雙腳（ ）就站在神社的四周，駐守在重要神社或城池（口），以防止敵人的進攻。故「韋」有圍繞、周圍之意，後常見於姓氏或國名。「韋」內含多義，為了方便分化，將包圍之義加上「口」，寫作「圍」；保衛之義加上「行」，寫作「衛」；背離之義加上「辵」，寫作「違」。

「韋」的故事

韋（ ）將軍為了保護家園，要求衛兵的雙腳（ ）站在重要神社或城池（口）的周圍，以防止敵人進攻。

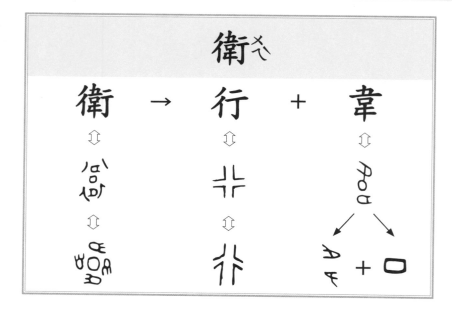

「衛」的解說

「ㄒㄧㄢ」是「衛」的古文，由「ㄒㄧ」和「ㄐㄧ」組成。

在更早以前，「ㄒㄧ」寫作「ㄒㄧㄢ」，中間的「ㄇ」指的是神社或城池，這二者在古代皆為重要的建築物，因此需派兵守衛。在「ㄇ」周圍的「ㄒㄧㄢ」是四個足印，即代表圍繞四周駐守的衛兵。後來省略左右兩個足印，之後又加上代表大馬路的「ㄐㄧ」，就變成「ㄒㄧㄢ」了。意指：城池（ㄇ）位於四通八達的通道（ㄐㄧ）中央，因為很重要所以需派兵（ㄒㄧ）守衛，故「衛」有防守、保護之意。

「ㄐㄧ」是「行」更早的古文，代表四通八達的通道，而道路是人所行走的，所以引申為「行走」的意思。也因此以「彳」為部首的字都與道路或行有關。

「衛」的故事

城池（ㄇ）位於四通八達的通道（ㄐㄧ）中央，因為很重要，所以需派兵守衛（ㄒㄧㄢ）。衛兵的雙腳（ㄒㄧ）站在重要神社或城池（ㄇ）的周圍（ㄒㄧㄢ），以防止敵人進攻。

3

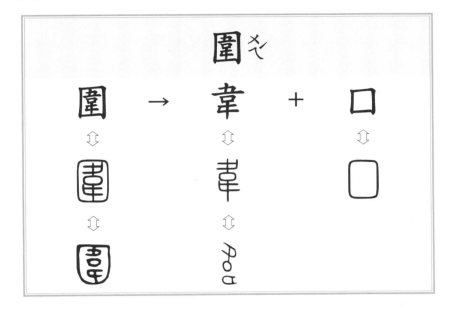

「圍」的解說

「圍」是「圍」的古文，由「韋」和「囗」組成。

「囗」像個方形的圍牆，在這裡是指一個範圍。

「韋」是「韋」的古文，更早的古文是「韋」，由「韋」和「口」組成。「韋」更早的古文是「韋」，後來減省成「韋」。「韋」是衛兵環繞保衛城池的意思，中間的「口」指的是神社或城池，在古代皆為重要的建築物，因此需派兵守衛。在「口」周圍的「韋」是兩個足印，即代表駐守的衛兵。

故「韋」有圍繞、周圍之意，後借用於姓氏或國名。之後將「韋」加了個「囗」，加重衛兵雙腳（韋）駐守在城池（口）四周圍（囗）的意思。

「圍」的故事

有衛兵堅守自己的崗位，雙腳（韋）站在城池（口）的四周，除此，外城還有一道圍（囗）牆保護城裡城外四周圍（圍）的人民，所以這裡很安全。

4

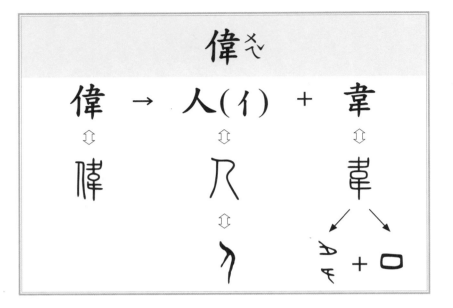

「偉」的解說

「偉」是「偉」的古文，由「尺」和「韋」組成。

「尺」由「㇀」演變而來，是人的側面形象，作為部首使用時寫作「亻」。「韋」由「口」和「舛」組成，中間的「口」指的是神社或城池，在古代皆為重要的建築物，因此需派兵守衛。在「口」周圍的「舛」是兩個足印，即代表駐守的衛兵。

為了抵禦外侮，必須要有人（㇀）報效國家，擔任衛兵的人，雙腳（舛）就站在神社的四周，駐守在重要神社或城池（口），以防止敵人的進攻，非常偉（偉）大。故「偉」有盛大、高超之意。

「偉」的故事

古人為了抵禦敵人，要求每一個人（㇀）都要當兵，當兵最重要的是「站衛兵」，衛兵的雙腳（舛）站在重要神社或城池（口）的四周（舛），以防止敵人進攻，是非常偉（偉）大的事。

144

5

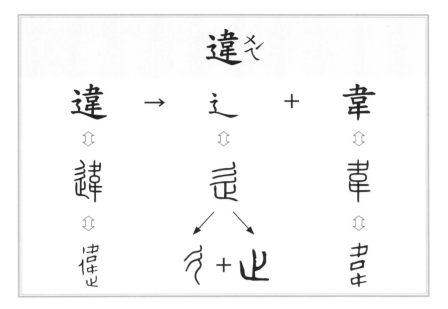

「違」的解說

　　「𧗷」是「違」的古文，是由「辵」和「韋」兩個部件組成。

　　「辵」是「辵」的古文，由兩個部件「彳」和「止」組成，是腳走在大馬路上的樣子，指的是快走或行動的意思。

　　「彳」是四通八達的通道（行）的減省，楷書形體是「彳」。「韋」是「韋」的古文，可以看作是「䡇」的減省，「䡇」正是衛兵環繞保衛城池的意思。從「䡇」可看到在神社或城池（口）的上下都是腳趾形（止），但是兩者的方向相反，故「韋」有背離、違反的意思。為了與其他字做區分，於是「韋」加了「辶」部以加強行動的意思，就是違反的「違」了。

「違」的故事

　　古代衛兵保衛城池，得環狀站立在城池（䡇）四周，每個人的腳（止）在馬路（彳）巡視行走都有一定的方向，不可違（𧗷）反了規定。

1 帚 ㄓㄡˇ

帚 → 一 + 帚

$\updownarrow$　　　$\updownarrow$　　　$\updownarrow$

$\updownarrow$　　　$\updownarrow$　　　$\updownarrow$

「帚」的解說

「帚」是「帚」的古文，由「一」、「帚」組成。

「帚」是倒立掃帚的形象，「帚」上面的三條斜線像是彎曲的帚苗，「帚」下面的三個分叉，就像掃帚手把，而「一」是放置掃帚的支架，所以「帚」本身就是「掃帚」的象形文字。古時掃帚多半用去粒的高粱穗或稻草穗和稈或棕葉扎束而成。

掃地掃好後，還要將掃帚倒立（帚）收好，放置在掃帚（帚）的支架（一）上，這才算是完成打掃的工作。

「帚」可以單用，也可以當偏旁，以「帚」組合的字都與掃除、掃帚有關。

為了方便分化，將「帚」加上「扌」部首，表示用手掃；將「帚」加上「女」部首，表示古代婦女負責拿掃帚打掃等家務。

「帚」的故事

掃地掃好後，還要將掃帚倒立（帚）收好，放置在掃帚（帚）的支架（一）上，這才算是完成打掃的工作。

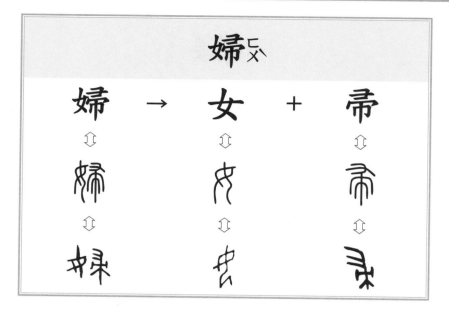

 「婦」的解說

　　「𡚼」是「婦」的古文，由「𡚸」、「𢆶」組成。

　　「𡚸」像似端莊跪坐、雙手交叉於前的婦女模樣。

　　「𢆶」是「帚」的古文，由「冖」、「⺕」組成，「⺕」是倒立掃帚的形象；「冖」是放置掃帚的支架，所以「帚」本身就是「掃帚」的象形文字。

　　自古人們就有「男主外，女主內」的想法，所以在家打掃多半是婦女的工作，因此「婦」就是「女」加上「帚」了。

 「婦」的故事

　　打掃家中環境大多是家庭主婦（𡚼）的工作，所以常見家中的婦女（𡚸）拿起掃帚（𢆶）掃地。

3

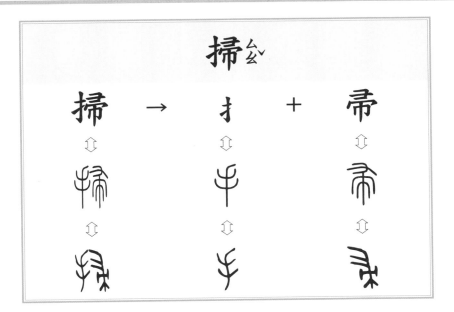

掃ㄙㄠˇ

掃 → 扌 + 帚

「掃」的解說

「帚」是「掃」的古字，由「手」、「帚」組成。

「手」表示人的手，可看到有明顯的五隻手指頭（手）和手掌。當手被當成部件需要和其他的部件組合在一起時，就要變成提手旁的「扌」。其字形演變為「手」→「手」→「手」→「扌」。

「帚」是「帚」的古文，由「冖」、「帚」組成，「帚」是倒立掃帚的形象，「帚」上面的三條斜線像是彎曲的帚苗，「帚」下面的三個分叉，就像掃帚手把，而「冖」是放置掃帚的支架，所以「帚」本身就是「掃帚」的象形文字。

「帚」是掃帚的象形古文，古代認為打掃需要用手拿掃帚，所以在「帚」字旁加了個「扌」就成了「打掃」的「掃」。

「掃」的故事

掃（掃）地時，必須用手（手）拿好掃帚（帚），地才能掃得乾淨。

1

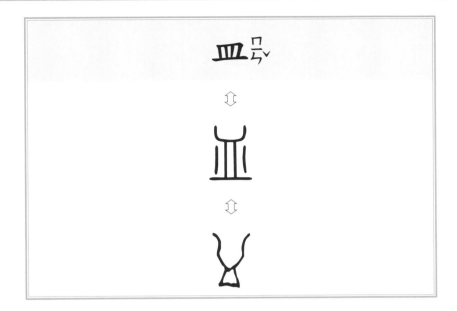

「皿」的解說

「Ｙ」是「皿」的古文，像器皿中剖正視的樣子。其形上面像器容（Ｙ），下面像底座（Ｙ），篆化後寫作「皿」，多了兩側的提耳（皿），但提耳和器身脫節，讓人看不出器皿的樣子。楷書作「皿」，兩側的提耳下垂，和底器相連，更不易看出原來的樣子了。

「皿」的用法

「皿」本義為裝東西的容器，現今可單獨使用，也可做偏旁，由「皿」所組合的字都與器皿、容器的相關涵義有關聯。

2

益ㄧˋ

益 → 兴 + 皿

「益」的解說

「益」是「益」的古文，由「兴」和「皿」組成。

「皿」像一個高腳的盤子器皿，「皿」為底座，「皿」為盛物的容器，「兴」意指水。兩者合起的「益」，就像是在高腳的盤子器皿內裝了太多的水，且水多到溢出來。其實「益」就是「溢」的原字，只是現在被假借為利益的「益」，只好將「益」加上水（氵）的部首，成為液體滿出來的「溢」。

「益」器皿中的水由「兴」演變成「≋」，再變成「兴」，而器皿的演變為：「皿」→「皿」→「皿」。

「益」的故事

商人買賣商品都希望可以獲得很多的利益（益），就像將水（兴）裝在高腳盤子器皿（皿）裡，水多到滿出器皿外面一樣，越多越好。

3

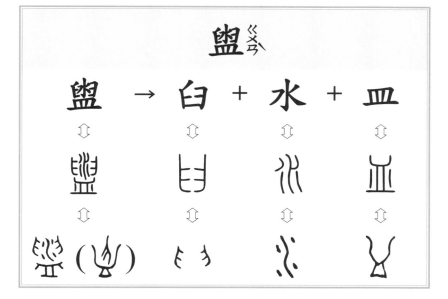

盥 ㄍㄨㄢˋ

盥 → 臼 + 水 + 皿

「盥」的解說

「盥」和「𣹬」都是「盥」的古文，「盥」由「ℇ℈」、「⺡」和「凵」組成。

「ℇ℈」是由上向下合拿物品狀的雙手。雙手字形演變為：「ℇ℈」→「臼」→「臼」。「⺡」是水，以水流紋來表示。「凵」是裝水的器皿，其字形演變為：「凵」→「皿」→「皿」。

以上三個部件組合起來，就能體現出雙手在裝有水的盆子器皿裡洗一洗的樣子，另一個形體的古文「𣹬」雖然只有一隻由上往下的手，也沒有水的符號，但也不失手在器皿中的涵義。

「盥」的故事

人們工作結束回家，要先到盥（盥）洗室裡用水盆（凵）裝水（⺡）清洗雙手（ℇ℈），再到餐廳吃飯，才能保持衛生及身體健康。

4

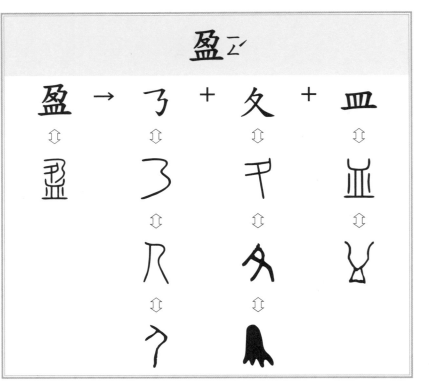

「盈」的解說

「盈」是「盈」的古文，由「彐」、「千」和「皿」組成。

「彐」是由側面站立的人形變化而成，其演變過程為：「人」→「人」→「彐」→「彐」。「千」是腳趾，在這裡代表整隻腳，其演變為：「山」→「夂」→「千」→「夂」。「皿」是盆子器皿，由「山」演化而來。

「盈」字上方（盈）指的是人的身體和腳，若將這二者放在盆子（盈）的上面，那代表整個人都裝了進去。所以「盈」意指一個人進入澡盆洗澡，讓水滿出來的樣子，後來引申為「充滿」之意。

「盈」的故事

熱淚盈（盈）眶的意思是眼淚充滿整個眼睛，彷彿淚水都要滿出眼眶，類似古人在澡盆（皿）裡洗澡，當整個人身體和腳（千）都進入澡盆時，水常常滿出澡盆外面一樣。

1

高 ㄍㄠ

高 → 高 + 口

↕ ↕ ↕

高 亯 〇

↕ ↕ ↕

高 亯 〇

「高」的解說

「高」和「高」都是「高」的古文，由「亯」和「〇」組成。

「高」像是座層層疊起的高樓，上面有尖尖的樓頂「高」，中間是樓閣、層樓建築「高」，底下是高台「高」，下面的圈圈「高」（〇）不是「口」而是「通道」。「高」（高）字像高高的建築物，是一般民宅的觀景台，也會是城門上的瞭望樓。

古人就以高高兩層的建築物「高」來體現「高」字的涵義，後來引申出崇高的意思。

「高」的故事

古時候建造城牆都會留個容進出的通道（〇），城牆的高台上也會建造高大瞭望樓（亯），除了觀察敵軍之外，也可以讓皇帝站在高（高）處觀賞風景。

京 ㄐㄧㄥ

京 → 亠 + 小
⇕   ⇕   ⇕

⇕   ⇕   ⇕

「京」的解說

「京」是「京」的古文，由「亠」和「冂」組成。

「京」形似高丘上的高大建築物，也就是在土堆（京）上建造的眺望塔（京）。文字演化，有尖尖樓頂和層樓的建築「京」楷化後成了「亠」，積累土堆而成的高丘從「京」楷化後變成了「小」，但與大小的「小」無關。

「京」指的是在人力所能堆集的最大高丘上建亭屋，堆高丘是為了方便王者觀察敵情、洞察民意，所以「京」有高、大的意思，後來引申為王者所在之處，即「京城」。

「京」的故事

皇帝在土堆成的高丘（京）上建造高大的眺望塔（京），方便觀察人民與敵人的狀況，有這種地方的城市叫做京（京）城。

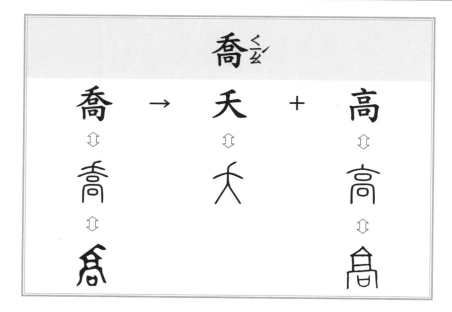

「喬」的解說

「喬」是「喬」的古文，由「大」和「高」組成。

「冎」像是座層層疊起的高樓，古人以高台上的兩層建築物體現「高大、崇高」的涵義。

「夭」是「夭」的古文，原意是人歪著頭，後指頂端彎曲。

「喬」的本義也是「高」，更早的古文作「冎」，與「高」更早的古文「冎」相似，只是「喬」的古文在高（冎）字上面多了小曲線如「冎」，這是個指事符號，用來凸顯樹梢「高而曲」，也就是「喬」有特別高的意思。

我們所說的喬（喬）木，是指多年生、特別高大的樹木，除了樹徑粗大外，頂端枝葉茂密而多歧彎曲，所以由「大」、「高」組成代表之。

「喬」的故事

喬（喬）木，是指多年生、特別高（高）大的樹木，除了樹徑粗大外，頂端樹枝彎曲（夭），通常長得比高樓還要高，高聳參天的就好像快碰到天了。

4

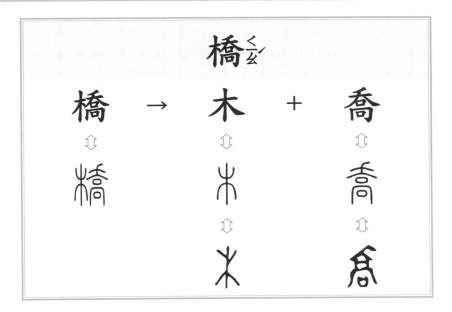

「橋」的解說

「橋」是「橋」的古文，由「木」、「喬」組成。

「木」是「木」更早的古文，是上有枝條「木」、下有樹根「木」的樹木；「喬」的本義是「高」，古文也有「喬」的形態，只是「喬」的古文在高（高）字上面多了小曲線「喬」，這是個指事符號，用來凸顯樹梢「高而曲」，也就是「喬」有特別高的意思。

古代造橋時，必定選取特別高大的喬（喬）木（木）樹幹作為材料，所以由「木」、「喬」組成代表之。

「橋」的故事

古代修建橋（橋）梁時，必定選取高大的喬（喬）木（木）樹幹作為材料，這樣才堅固耐用。

5

亭 ㄊㄧㄥˊ

亭 → 亠 ＋ 丁

⇕　　⇕　　⇕

𩫖　　𩫋　　𠆧

⇕　　⇕　　⇕

𣆌　　𣆌　　丁

「亭」的解說

「𣆌」是「亭」的古文，由「𣆌」和「丁」組成。

「𣆌」是一座高台上的層疊建築物，「𩫖」的形體上方增加兩橫代表「窗戶」，方便皇帝向遠處觀望，「𩫖」是為眺望亭，時間推移，楷化後演變成「亠」。

「丁」是「丁」的古文，本義是頭頂的樣子，甲骨文原形為「●」，但刀刻甲骨運作不便，圓形物體多以方形直筆呈現而變形成「▼」。「丁」在此只作聲符，無意義關連。

「𣆌」指的是用來觀察敵情的眺望亭台，後來底下又增加了「丁」的聲符，變成上形下聲的形聲字「𩫖」，楷化後演變為現在的「亭」字。

「亭」的故事

許多壯丁（丁）站在高台上的層疊建築物（𣆌）上，負責觀察敵人情形，這樣的地方稱作眺望亭（𩫖）台。

就 ㄐㄧㄡˋ

就 → 京 + 尤
⇕　　　⇕　　　⇕
⟨就篆⟩　⟨京篆⟩　⟨尤篆⟩
⇕　　　⇕　　　⇕
⟨就古⟩　⟨京古⟩　⟨尤古⟩

「就」的解說

「就古」是「就」的古文，由「京古」和「尤古」組成。

「京古」是「京」的古文，更早的古文是「京更」，指的是在人力堆集土堆的高台所建的亭屋，引申有高的意思，也有王者所之地的涵義。

「尤古」是「尤」的古文，在手的上面多了一條「尤更」，強調受了傷的手，又，手有傷不是一般情況，是特異的、和一般不同的。

「就古」字的本義即：「異於普通平地的高丘」，這是洪水時期人人所嚮往居住的安全地方，後來引申為「進入、到達」的意思，如「就業」、「就位」。另外，「就」字有在高處祭享之意，在高台祭祀為了某事的完成或戰役的勝利，所以引申為「成功、完成、形成」的意思，例如「造就」、「功成名就」。

「就」的故事

洪水時期人人都想要居住在安全的地方，尤（尤更）其特別想住在高人一等的王者所在之地京（京古）城，在那裡不但身家安全了，還有很多就（就古）業機會。

161

1

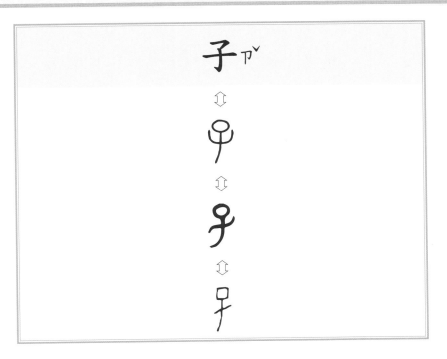

「子」的解說

　　「𓀀」是「子」的古文，是一個襁褓中嬰兒的樣子，「𓀀」上面紅色標註的地方代表嬰兒的頭，「𓀀」紅色線條代表嬰兒的左、右手，「𓀀」紅色線條代表嬰兒的身體和相併的兩腳，這是個還不能獨立活動的小嬰兒。「𓀀」是「子」的金文，強調頭大、身體小，也加強了揮舞著兩隻手臂的嬰兒形象。

「子」的用法

　　「子」的本義為襁褓中的嬰兒，如今可單用也做偏旁，凡是以「子」組合的合體字，大多與小孩、幼小等涵義有關聯。

育ㄩ

育 → 去 + 月

「育」的解說

「育」是「育」的古文，由「去」和「月」組成。

「月」是「月」的古文，用來表示一塊切好的肉，上面的斜線像肌肉的紋理，金文和小篆字形演變與「月」相似。

「去」是「子」的倒置，代表頭下腳上順產的嬰兒。

「育」為「育」的甲骨文，表示婦女（中）順產生下孩子（古）。金文作「𣎴」，是承續甲骨文「育」而來，但是在孩子「古」的頭部加上三點（川），表示婦女生產時所流出的血水。篆文為「育」，由正常分娩的嬰兒（去）和肉字的偏旁（月）組合而成。嬰兒要健康成長、要長肉，需要好好的養育；又嬰兒長了肉，代表長大了，故「育」除了有生育之意，亦有培養、成長之意，例如「教育」、「發育」。

「育」的故事

小孩子（子）從媽媽產道順利生出來時，都是頭下腳上的（去），過程中媽媽都很辛苦，而且孩子是媽媽心頭的一塊肉（月），之後還要花更多心血養育（育）呢。

164

3

毓（ㄩˋ）

毓 → 每 ＋ 㐬

⇕　　　⇕　　　⇕

⇕　　　⇕　　　⇕

「毓」的解說

「毓」是「毓」的古文，由「每」和「㐬」組成。

「毓」，甲骨文作「毓」。「毓」是嬰兒順產的意象，圖像中的嬰兒（古）由一位面朝左的母親（人）臀下產出。在順產的情況下，嬰兒出生時頭部是朝下的，而嬰兒旁邊還有生產時所流出的血水（古）。「毓」後來演變成「毓」，其中的「人」換成「每」。「每」是「每」的古文，「每」字形上方表示長髮，「每」字形下方為「母」的古文，意為長髮的母親。「古」和「古」一樣都是頭部朝下的嬰兒，嬰兒下方的血水就以「川」來表示了。孩子順利生產後，需要好好撫養，所以「毓」有養育、蘊育的意思，例如「鍾靈毓秀」、「毓子孕孫」。

「毓」的故事

毓（毓）的文字創造意涵是孕婦的生產過程：嬰兒（子）從長髮母親（每）的臀下產出，在順產的情況下，嬰兒頭部朝下（古）和著血水一起順流（㐬）而出。

165

4

疏ㄕㄨ

疏 → 疋 + 㐬

「疏」的解說

「疏」是「疏」的古文，由「疋」和「㐬」組成。

「疋」由「口」和「止」組成。金文作「𤴓」，其下方「𤴓」是一個很具象的腳趾與腳掌，上方「𤴓」則為小腿部分。底下的腳掌和腳趾用「止」（止）來代表，上面的小腿則用「口」（口）來表示，兩個連在一起就是「足」，所以「足」的區域比「腳」還大，除了腳掌和腳趾之外，還要延伸至腳踝還有小腿肚的地方。

《說文解字》中說明，「疋」有通破胎衣，足部移動之意，而「㐬」亦是嬰兒順產的意象，因此「疋」和「㐬」合在一起，即為孩子通破胎衣，移動雙足，順利生出之義。引申有通暢之義，故以「㐬」組合的字都與通暢的涵義有關聯，如梳、蔬。

「疏」的故事

胎兒用盡全身的力量移動身體和雙足（疋），衝破胎衣通過產道。當血水和新生兒（㐬）同時出現，母體的肚子也覺得疏（疏）通了不少。

166

5

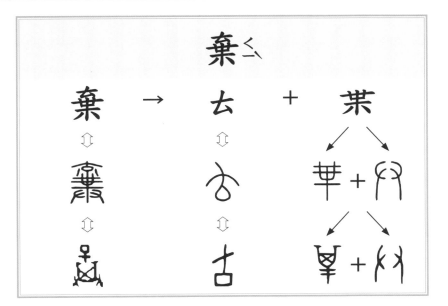

「棄」的解說

「<ruby>棄<rt></rt></ruby>」是「棄」的古文，由「古」、「<ruby>苺<rt></rt></ruby>」和「<ruby>臼<rt></rt></ruby>」組成。

「古」是「<ruby>子<rt></rt></ruby>」的倒置，代表頭下腳上順產的嬰兒。

「<ruby>苺<rt></rt></ruby>」和「<ruby>苺<rt></rt></ruby>」均是畚箕的意象，「<ruby>苺<rt></rt></ruby>」的上方就像畚箕裝盛垃圾的部位，「<ruby>苺<rt></rt></ruby>」的下方是畚箕的握柄。「棄」下方的「木」由「<ruby>臼<rt></rt></ruby>」演變而來，是雙手握物的樣貌。

「<ruby>棄<rt></rt></ruby>」的全義是：雙手（<ruby>臼<rt></rt></ruby>）拿著畚箕（<ruby>苺<rt></rt></ruby>），畚箕裡面放著帶有血水的初生嬰兒（古），意謂要將剛出生的嬰兒捨棄（將之送出門外，等待別人收養）。故「棄」有拋開、捨去之意。

「棄」的故事

古時候的窮苦人家養不起孩子，常常將剛出生、身上還帶有血水的孩子（古）裝在畚箕（<ruby>苺<rt></rt></ruby>）裡，再用雙手（<ruby>臼<rt></rt></ruby>）捧著丟棄（<ruby>棄<rt></rt></ruby>）到門外，希望能有路過的好心人把孩子帶回去撫養。

6

孕 ㄩㄣˋ

孕 → 乃 ＋ 子

⇕ ⇕ ⇕

（小篆）（小篆）（小篆）

⇕ ⇕ ⇕

（古文）（古文）（古文）

「孕」的解說

「 」是「孕」的古文，由「 」、「 」組成。

「 」的字體到小篆演變成「 」，上面的「 」楷化後就成了「乃」，是指大腹便便的孕母，而下面的「 」就是「子」。「子」更早的古文是「 」，上像其頭，左右像手，中像身，下像兩腳相併，正像襁褓中的嬰兒。

「 」在外觀上很明顯的看出是一位大腹便便的人（ ），而在「 」裡面有著孩子（ ），所以整個字除了直接了當的畫出女人「懷孕」的樣子，也因為「 」是被包覆在「 」內，所以又引申出「包含」之涵義。

「孕」的故事

懷孕（ ）的媽媽肚子大大的（ ），可愛的寶寶（ ）就孕（ ）育在裡面，我們全家人都滿心期待他的誕生。

7

乳 ㄖㄨˇ

乳 → 孚 + 乚

↕   ↕   ↕

↕   ↕   ↕

「乳」的解說

　　「　」是「乳」的古文。明顯可看到媽媽雙手抱著嬰孩餵奶的樣子，而懷中孩子（　）正張開大嘴面向媽媽的乳房（　）準備要吸乳。到了小篆變作「　」，左邊「　」保留著媽媽的手與孩子的形體，像媽媽用手托著孩子的頭。而代表張開雙手環抱嬰兒的跪坐媽媽之「　」形體，便減化了雙手變成「　」，楷化後成了「乚」字。

　　「　」和「　」都是「子」的古文，上像其頭，左右像手，中像身，下像兩腳相併，正像襁褓中的嬰兒。

「乳」的故事

　　媽媽慈愛的用手托著孩子的頭（　），曲著身體（　）跪坐著哺餵嬰兒母乳（　），讓原本肚子餓得哇哇大哭的小寶寶（　）瞬間安靜了下來。

複 ㄈㄨˋ

复 → 白 + 夂

⇕   ⇕   ⇕

（篆文）   （篆文）   （篆文）

⇕   ⇕   ⇕

（古文）   （古文）   （古文）

 「复」的解說

　　「复古文」是「复」的古文，由「畐」和「夂」部件組成。

　　比「畐」更像古人半穴居的地下室，上下各有出入口，有些「复」的古文如「畐」在上下出入口之處增加橫畫，更像階梯的樣子。

　　「夂」本是個線條化的腳形，在此表示出入行走。「夂」的字形演變為「甲骨」→「金文」→「篆」→「夂」。

　　而古人多次進出半穴居住所，腳得來回的在出入口重複行走，所以古人用「复」來體現出往復、重複的意義。現在「复」只做為部件，不單獨使用。

 「复」的用法

　　「复」的本義是來回的走地下居處的通道，引申出「往復、重複」的涵義，由「复」所組合的字都有此相關意義。

171

2

$$復 → 彳 + 复$$

「復」的解說

「𢕿」是「復」的古文，由「彳」、「𠦜」、「夂」所組成。

「彳」是「行」簡化後的篆文，「行」是行的古文，代表四通八達的通道，而道路是人所行走的，所以引申為「行走」的意思。也因此，以「彳」為部首的字都與道路或行動有關。

「𠦜」更具象的古文是「𠦜」，像古人半穴居的地下室，上下各有出入口，有些「复」的古文如「𠦜」在上下出入口之處增加橫畫，更像階梯的樣子。「夂」更早的古文為「夊」，「夊」本是個線條化的腳形，在此表示出入行走。而古人多次進出半穴居住所，腳得來回的在出入口重複行走，所以古人用「复」來體現出往復、重複的意義。現在「复」當作部件不單獨使用，所以就加個「彳」成「復」來體現往復出入行走的意思。

「復」的故事

動手術後，他勤勞的在居處（𠦜）的出入口不斷往復行走（𢕿）復健，不久，這個行（彳）動終於讓他的雙腳（夊）康復（復）了。

172

3

$$覆 \overset{ㄈㄨˋ}{}$$

$$覆 \rightarrow 西 + 復$$

$$\updownarrow \qquad \updownarrow \qquad \updownarrow$$

$$\text{(覆古文)} \qquad \text{(西古文)} \qquad \text{(復古文)}$$

$$\swarrow \qquad \searrow$$

$$彳 + 夏$$

「覆」的解說

「覆古文」是「覆」的古文，由「西古文」、「復古文」組成。

「西古文」是「西」的古文，是用布包酒糟做成的塞子，把酒罈子緊密塞住的形狀。本意為覆蓋、包裹。

「復古文」是「復」的古文，更早的古文可分解做「彳」和「夏」。其中「彳」（彳）代表四通八達的道路，引申為「行走」的意思。「夏」是「复」的古文，由「亞」和「夊」部件組成。「亞」像古人半穴居的地下室，上下各有出入口，有些「复」的古文如「𠬝」在上下出入口之處增加橫畫，更像階梯的樣子。「夊」本是個線條化的腳形，在此表示出入行走。故「復古文」是指走以前走過的路，也就是去了又再回來，往回的意思。

所以「西古文」+「復古文」所組成的「覆古文」，猶如酒罈子用塞子緊密塞住並正立和倒蓋、一正一反的反覆之檢查過程。

「覆」的故事

古人拿著布包做成酒糟塞子（西古文），將酒罈子緊密塞住並反覆（覆古文）來回的正立和倒蓋，來回多次往復（復古文）檢查每一個酒罈，要做到滴酒不漏的境界。

4

複 ㄈㄨˋ

複 → 衤 ＋ 复

「複」的解說

「襊」是「複」的古文，由「衣」、「复」組成。

「衣」是「衣」的古文，就像是上衣的領口。左右兩側的開口（衣），像是張開的袖口。底下兩個衣襟相互遮蓋（衣），下面的彎折處（衣），就是衣服的下襬。

「复」是「复」的古文，由「亞」和「夊」部件組成。「亞」像古人半穴居的地下室，上下各有出入口，有些「复」的古文如「𠪚」在上下出入口之處增加橫畫，更像階梯的樣子。「夊」本是個線條化的腳形，在此表示出入行走。故「复」是往復、重複於住處行走之意。

「衣」是上衣，又「复」有往復、重複的意思，所以「襊」是指含有內裡的衣服，引申為重疊的意思。

「複」的故事

她為了找重複（襊）一樣的兩塊布來做有內裡的衣（衣）裳，多次來回行走到地下室（复）去找。

174

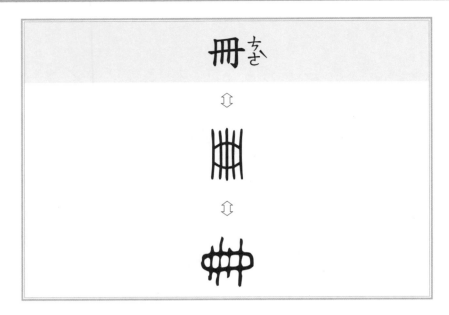

「冊」的解說

　　「冊」是「冊」的古文，在古代，並沒有在第一時間發明書寫時所需的紙，這時，人們只好將文字刻劃在最易獲得的材料上——竹片或木片，並將寫好的竹簡用皮繩束集起來，就成為「冊」，也就是現在的「冊」，所以冊有書本的意思，現今的閩南語即有「讀冊」的語彙。

　　「冊」為古代編串在一起用來書寫的竹簡，如今可單用，也可以作偏旁，以「冊」組成的字大多與書簡、編排之物等義有關。

「冊」的故事

　　古時候並沒有紙，人們將文字刻劃在竹片或木片上，然後將寫好的竹片或木片用皮繩束集起來（冊），就是現在的「冊」（冊）。

典 ㄉㄧㄢˇ

典 → 冊 + 六

⇕　　⇕　　⇕

⇕　　⇕　　⇕

「典」的解說

「<!-- -->」是「典」的古文，由「冊」和「六」組成。

「<!-- -->」是雙手的象形，雙手捧物的意象，之後再楷化成「六」。

「<!-- -->」是「冊」的古文，在古代，並沒有在第一時間發明書寫時所需的紙，這時，人們只好將文字刻劃在最易獲得的材料上──竹片或木片，並將寫好的竹簡用皮繩束集起來，就成為「<!-- -->」，也就是現在的「冊」。

「<!-- -->」本義是用雙手（<!-- -->）將冊放在荐物之上表示尊重典籍。如果遇有重要、經典的書籍要存放，那麼，雙手（<!-- -->）得將重要的書冊（<!-- -->）高高的舉放在几台上，使之典藏。這就是「冊」的初始創意。

「典」的故事

古時候，如果遇有重要、經典的書籍要存放，那麼，雙手（<!-- -->）得將重要的書冊（<!-- -->）高高的舉放在几台上，使之典藏，這就是典（<!-- -->）藏的「典」的意思。

3

$$刪 → 冊 + 刂$$

「刪」的解說

「刪」是「刪」的古文，由「冊」和「刀」組成。

「刀」是「刀」的古文，就像一把刀的樣子，更早的古文是「𠚣」，上部「𠂆」是刀柄，下部「刀」是刀頭，組合起來就是「刀子」的形狀。有時也以「刂」形態與其他部件組合成合體字。「冊」是「冊」的古文，在古代，並沒有在第一時間發明書寫時所需的紙，這時，人們只好將文字刻劃在最易獲得的材料上——竹片或木片，並將寫好的竹簡用皮繩束集起來，就成為「冊」，也就是現在的「冊」。

故「刪」指拿刀子刮除竹片上的文字；當寫在簡冊（冊）上的內容有錯誤需要更改時，就必須用刀（刀）刮除才能重寫。

「刪」的故事

當寫在簡冊（冊）上的內容有錯誤需要更改時，就必須用刀（刀）刮除刪（刪）去才能重寫，這就是「刪」的意思。

178

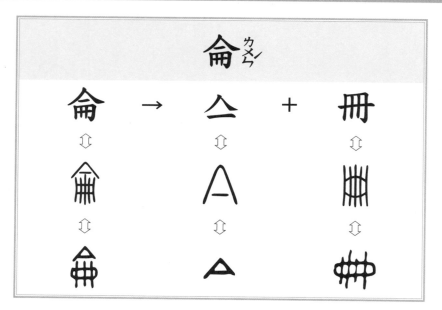

 「侖」的解說

「侖」是「侖」的古文，由「∧」和「冊」組成。

「∧」是「亼」的古文，以三個線條的匯聚表示「將事物集合在一起」的意思。「冊」是「冊」的古文，古代將文字刻劃在竹片或木片上，並將寫好的竹簡用皮繩束集起來就成為「冊」，也就是現在的「冊」，所以冊有書本的意思。

「∧」＋「冊」＝「侖」，就是將所有相關的竹簡按照順序有系統的匯集起來，因此，「侖」所要體現的涵義就是「有系統的、有次序關聯的事物」。

「侖」的用法

「侖」的本義是聚合竹簡，作有系統的排列，所以有編排完整、有次序條理的涵義。

如今「侖」可以單用，也可作偏旁，以「侖」組合的字皆與編排完整、有次序條理等義有關。

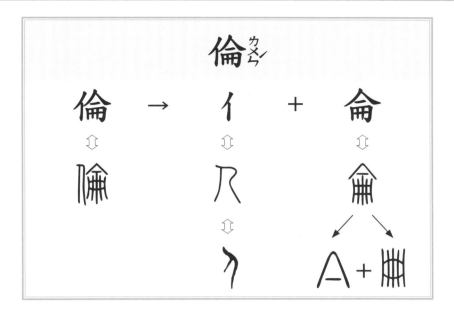

「倫」的解說

「倫」是「倫」的古文，由「尺」和「侖」組成。

「尺」由「∫」演變而來，是人的側面站立形象，成為部首時為「亻」。

「侖」是「侖」的古文，由「∆」和「冊」組成，「∆」是「亼」的古文，有「將事物集合在一起」的意思，「冊」則是束集起來的竹簡。所以，「侖」（侖）就是將所有相關的竹簡按照順序有系統的匯集起來，所要體現的涵義就是「有系統的、有次序關聯的事物」。

「倫」就是劃分得整齊有序但又互有關聯的人際關係，如，「爺→父→孫」就是中國社會所講有系統傳承的人倫關係。

「倫」的故事

「爺→父→孫」就是中國社會所講的人倫（倫），這種分際清楚又互有關聯的人（尺）際關係，就像簡冊（冊）集合（∆）排列一樣，有系統又有次序。

有生命的漢字 教師版
部件意義化識字教材

3

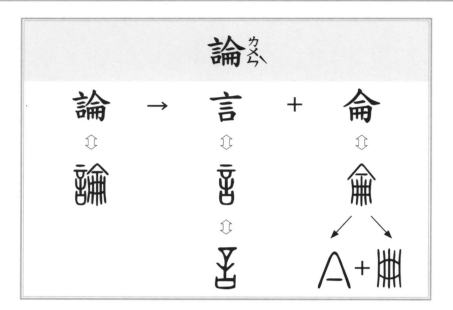

論 ㄌㄨㄣˋ

論 → 言 + 侖

⇕　　　⇕　　　⇕

（篆論）　（篆言）　（篆侖）

⇕　　　　↙　↘

（古言）　　A + （竹簡）

「論」的解說

「論」是「論」的古文，由「言」和「侖」組成。

「言」由「古言」演變而來，像似張開口說話，舌從口中伸出的樣子，後引申為說話、言語，成為部首時為「言」。

「侖」是「侖」的古文，由「A」和「竹簡」組成，「A」是「亼」的古文，有「將事物集合在一起」的意思，「竹簡」則是束集起來的竹簡。所以，「侖」（侖）就是將所有相關的竹簡按照順序有系統的匯集起來，所要體現的涵義就是「有系統的、有次序關聯的事物」。「論」由「言」、「侖」組成，所指的就是整齊有序又連貫的言論，如論文。

「論」的故事

論（論）文是整齊有序又連貫的言（言）論，它的編輯要有系統，像古時簡冊（竹簡）集合（A）排列一樣，一定有某種的次序關聯。

182

4

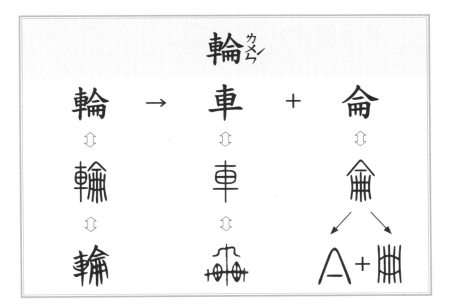

「輪」的解說

「輪」是「輪」的古文，由「車」和「侖」組成。

「侖」由「△」和「冊」組成，「△」是「亼」的古文，有「將事物集合在一起」的意思，「冊」則是束集起來的竹簡。所以，「侖」（侖）就是將所有的竹簡按照順序有系統的匯集起來，所要體現的涵義就是「有系統的、有次序關聯的事物」。

「車」是「車」的古文，橫著看很像車形，「車」中間代表車廂，「車」兩邊象徵兩個輪子，橫貫車廂車輪的一長橫就是車軸。

「輪」（輪），指的是車子的輪子；以一車軸心將散亂的骨幹集合起來，並有系統的排列成放射狀，最後成為圓形的車輪。

「輪」的故事

古時候的人想做車（車）輪的模型，就用散掉的竹簡（冊）竹片集合（△）起來當作骨幹，再有系統的排列呈放射狀，最後外圍再繞一個圓圈就是車子的車輪（輪）了。

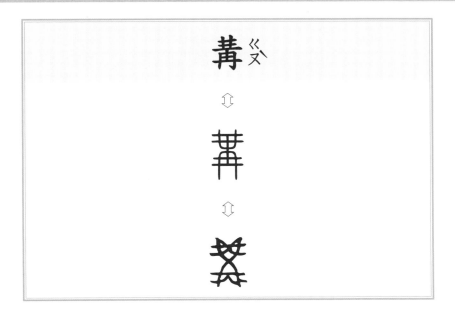

「冓」的解說

「✕」是「冓」的古文，字形像兩木條與木條相疊並以繩綑縛的相互交接的樣子，古人以此體現各種與交接、相會有關的意義。

古時以木頭建造房子或者以木材堆疊交積組成的營火，皆有「✕」的形狀，所以此字也有層層交織及有次序的結構之意。

「冓」的用法

「冓」本義為兩木條與木條相疊並以繩綑縛的相互交接的樣子。「冓」如今只做偏旁而不單獨使用，凡是含有「冓」組件的字都與「相遇」或「相交接」的相關涵義有關。

2

溝 ㄍㄡ

溝 → 氵 + 冓

↕   ↕   ↕

（溝古文）   （水古文） （冓古文）

↕   ↕

（水古文） （冓古文）

「溝」的解說

「溝」是「溝」的古文，由「水」和「冓」組成。

「水」是「水」的古文，可看得出是河川流水的樣子。「冓」是「冓」字的古文，更早的古文為「 」，其字形像兩木條與木條相疊並以繩綑縛的相互交接的樣子，古人以此體現各種與交接、相會有關的意義。

「冓」（冓）加了「水」（水）這個部首，表示縱橫之溝渠交接、相會之處，所以，「水溝」就是有使小水與大水交接、相會作用的渠道；而人與人之間的「溝通」，就是意識的交接與相會。

「溝」的故事

「水溝（溝）」就是有使小水（水）與大水交接、相會（冓）作用的渠道；而人與人之間的「溝（溝）通」，就是意識的交接與相會，當然也得費口舌之力，講久了口水（水）也會乾。

3

構ㄍㄡˋ

構 → 木 + 冓

﹙古文字形省略﹚

「構」的解說

「構」是「構」的古文，由「木」和「冓」組成。

「木」是個樹木的象形，「木」是更早期的古文，「木」上面的三支是樹冠、樹枝，「木」下面的三支代表樹根。

「冓」是「冓」的古文，更早的古文是「爻」，字形像兩木條與木條相疊並以繩綑縛的相互交接的樣子，古人以此體現各種與交接、相會有關的意義。古時以木頭建造房子或者以木材堆疊交積組成的營火，皆有「爻」的形狀，所以此字有層層交織及有次序的結構之意。「冓」就是「構」的本字，現今不單用，而是以加了「木」之後的「構」來表示原義。

「構」的故事

古時候多用木頭（木）建造房子，古人會先把木頭有次序的交冓（冓）相接在一起，有時也會用卡榫或繩子來固定，這些交織的木頭就是房子的層層結構（構）。

4

購ㄍㄡˋ

購 → 貝 + 冓

「購」的解說

「購」是「購」的古文，由「貝」和「冓」組成。

「貝」的甲骨文為「」，是打開的大貝殼。之後字形演變為「貝」，「貝」表示貝的外形及其兩道美麗花紋，「貝」則為貝的兩個口器。古人用「貝」作為原始貨幣。凡與財貨有關的字，均常有「貝」這個偏旁。

「冓」是「冓」的古文，更早的古文是「」，字形像兩木條與木條相疊並以繩綑綁的相互交接的樣子，古人以此體現各種與交接、相會有關的意義。

由「貝」（貝）與「冓」（冓）組成的「購」（購），就是使貨物、錢財交接相會的一種行為，也就是指「購買」。

「購」的故事

古時候人們最早用「以物易物」方式來交換所需，後來用「貝」（貝）當作貨幣、錢財，以幫助物品流通交換（冓）時使用，這就是購（購）買行為的開始。

5

$$講 \rightarrow 言 + 冓$$

「講」的解說

「講」是「講」的古文，由「言」和「冓」組成。

「言」是「言」的古文，更早的古文為「舌」，在舌頭（舌）上加一指示符號「一」，表示振動舌頭發出聲音說話之意。

「冓」是「冓」的古文，更早的古文是「冓」，字形像兩木條與木條相疊並以繩綑縛的相互交接的樣子，古人以此體現各種與交接、相會有關的意義。

講話溝通在使雙方意見互相密合，有如房屋骨架各處各點均已交錯密合無隔閡，所以「講」由「言」與「冓」組成。透過舌頭說話（言），將雙方的訊息連結在一起（冓），所以「講」字有和解、講和、說話之意。

「講」的故事

講（講）話就是你一言（言）我一句的，最後還要想辦法跟別人所說的話像木條和木條交疊（冓）在一起有所交接、相連，這樣才算懂得別人的意思。

1

壬 _去_ㄥ

壬 → 亻 + 土

⇕ ⇕ ⇕

(篆) (篆) 土

⇕ ⇕ ⇕

(古文人) (古文人) (古文土)

「壬」的解說

「 ? 」是「壬」的古文，由「 ? 」和「 Ω 」組成。

「 ? 」是人的古文，一個面向左、側身直立的人，字形篆變及配合與其他部件組成而形變成「 ? 」。「 Ω 」是「土」的古文，形如平地上高突之物，意指高出的土。

「 ? 」表示人站在高地上，有挺身之意，所以「壬」是「挺」的初形。「 ? 」篆變後就成了「 ? 」，之後又楷化成「壬」。

「壬」和「壬」不同，「壬」下面是土，「壬」下面是士，原義為古代織布機上承持經線的機件，功能在決定經線的位置、密度等。

「壬」的用法

「壬」本義為人挺立在土堆之上的樣貌。如今只做偏旁而不單用，凡由「壬」所組成的字都與「挺起」等義有關。

2

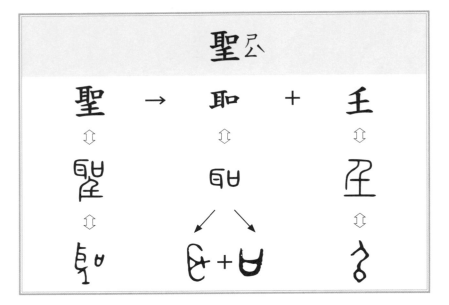

「聖」的解說

「🜩」是「聖」的古文，由「🜨」、「🜪」和「🜫」組成。

「🜨」、「🜪」分別是耳朵和嘴巴；「🜫」是「壬」的古文，由人（🜬）和高出的土（🜭）構成，表示人站在高地上，有挺身之意，所以「壬」是「挺」的初形。「🜫」隸化後就成了「𡈼」，之後又楷化成「壬」。

「🜨」、「🜪」和「🜫」三者組合成「🜩」，表示人站在高處演講。古代所謂的「聖人」，是指聽覺敏銳，能傾聽萬物玄機，因而有智慧，而且又很願意將所聽、所聞的先機用簡單的道理口述給大家聽的人。

「聖」的故事

有些人耳朵（🜨）聽覺敏銳，能傾聽萬物又充滿智慧。他願意站在高處（🜫），將深奧的道理簡化後口述（🜪）講給大家聽，這樣的人就是聖（🜩）人。

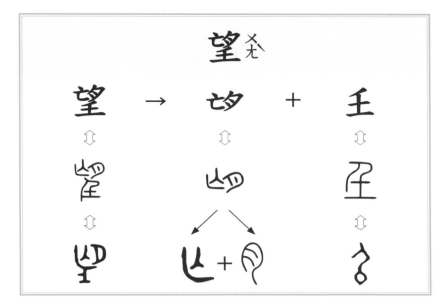

望ㄨㄤˋ

望 → 臤 + 壬

「望」的解說

「🐦」是「望」最早的古文，由「👁」、「🌙」和「👤」所組成。

「👁」代表睜大的眼睛；「👤」是「壬」的古文，由「人」和高出的土（🔺）構成，表示人站在高地上，有挺身之意，所以「壬」是「挺」字的初形。「👤」隸化後就成了「𡈼」，之後又楷化成「壬」。

二者組合後指「人站在高地上睜大眼睛的望呀望」，但要「望」些什麼呢？於是加了遠望的物件「🌙」而成為「🐦」。後來字形又演變成「望」，其中表示大眼睛的「👁」不見了，而多了「望」。「亡」是亡的古文，也成為「望」的聲符。但「望」的意思還是在「深遠的看」或者「期待」等義。

「亡」原義並不是死亡，而是人「人」躲在牆角「𠃊」，有隱藏、不在的意思。

「望」的故事

古時候的人（人），通訊不發達，希望看到長久不在（亡）的家人歸來，半夜睡不著，趁著月（🌙）光明亮，站在高高的土堆（🔺）上，睜大眼睛（👁）向遠處望呀望（🐦）！這就是親人的盼望。

193

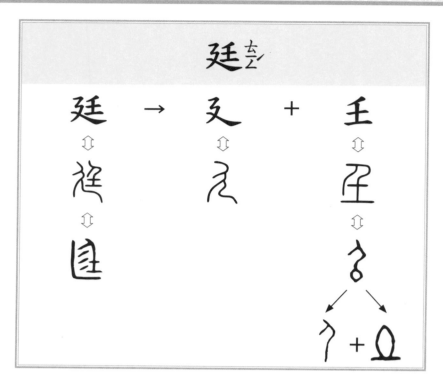

「廷」的解說

「𢌱」是「廷」的古文，由「𠃊」和「𡉻」組成。

「𡉻」是側身站立的人形，如「𠂤」，「𡉻」是平地上高出的土堆，如「𠆢」。「𡉻」涵義是：人挺立於土上。「𢌱」的「𠃊」，表示宮殿前廣場的道路，它又長又遠。

「𢌱」更早的古文是「𨑒」，「𨑒」是指宮殿前廣場的通道；「𨑒」像石階，「𨑒」是人，也是進朝的官員，「𨑒」像官員站立在廣場的土地上。因此「𢌱」、「𨑒」都是古代君王聽取朝政，臣立於廷中的景象，後來引申為君主時代，國君辦事與發布政令的地方，如「朝廷」、「宮廷」。

「廷」的故事

古代君王聽取朝政，進朝的官員（𠂤）要先走過宮殿前廣場，那又長又遠的道路（𠃊），最後才站在廷前的土地上（𡉻）等著君王指示，這就是古時朝廷（𢌱）早朝的情形。

庭 ㄊㄧㄥˊ

庭 → 广 + 廷
⇕   ⇕   ⇕
庭   广   廷
                   ⇕
                   廷

「庭」的解說

「庭」是「庭」的古文，由「广」和「廷」組成。「广」是「广」的古文，本義是三面有牆的房子，其形像屋子側面正視貌，但因和其它屋子比鄰共用一牆而省了右邊的一道牆，意指簡易樸素的建築物。

「廷」是「廷」的古文，由「廴」和「壬」所組成。「壬」是側身站立的人形，如「𠂤」，「壬」是平地上高出的土堆，如「立」；其涵義是：人挺立於土上。「廴」表示宮殿前廣場的道路又長又遠。「廷」從古代君王聽取朝政，臣立於廷中的景象，引申為國君辦事、發布政令的「朝廷」。

「廷」更早的古文是「𨒅」，「𨒅」是指宮殿前廣場的通道；「𨒅」像石階，「𨒅」是人，也是進朝的官員，「𨒅」像官員站立在廣場的土地上。因此「廷」表示古代君王聽取朝政，臣子立於廷中廣場的樣貌，後來亦指堂（房子）下的平地。

為區分氣勢浩大的「朝廷」和家庭簡易的「庭院」的用法，才異字分工，以「廷」專指「朝廷」，而將「廷」加上簡易房舍之義的「广」成了「庭」字表示家庭裡簡易的庭院。

「庭」的故事

庭（庭）院通常是房子外的平地，空地上還有簡易的建築物（广），功能跟古代君王聽取朝政的朝廷（廷）一樣，都是讓人站立在土地上（壬）活動的廣場。

1

壴 ㄓㄨ丶

⇕

壴

⇕

壴

「壴」的解說

「壴」是「壴」的古文，更早的古文為「壴」，字形像樂器（鼓）豎立在樂架上的狀態。「壴」為鼓上的裝飾品，「壴」中間是鼓面，「壴」下面則是鼓架，而鼓立於鼓架上的樣子與古人盛裝肉類的器皿「豆」（豆）形體相似，故「鼓」字中出現了「豆」這個部件但字義與「豆」無關。「壴」是「鼓」的初文。

「壴」的用法

「壴」的本義為鼓，如今只做偏旁而不單用，「壴」有鼓架和豎立的引申義，但豎立需要手協助就加了「寸」義符寫作「尌」來表示。凡是以「壴」組合的合體字大多與鼓樂、豎立等義有關。

鼓 ㄍㄨˇ

鼓 → 壴 + 支
⇕　　⇕　　　⇕
（古文鼓）（古文壴）（古文支）
⇕　　⇕
（甲骨文鼓）（甲骨文壴）

「鼓」的解說

「鼓」是「鼓」的古文，由「壴」和「支」組成。

「鼓」的甲骨文為「鼓」。其中「壴」字形像樂器（鼓）豎立在樂架上的狀態，「壴」為鼓上的裝飾品。光是「壴」這樣的表現還不夠傳神，古人再加上手持鼓槌擊打的樣子「支」後，更可生動傳達其字義。而鼓立於鼓架上的樣子與古人盛裝肉類的器皿「豆」（豆）的古文形體相似，故鼓字中出現了「豆」這個部件。

「支」右下角是隻手，一隻手指「彐」、手掌「又」明顯且有向右下延伸的右手臂，古人常用三指來代表五指，「彐」是右手的另一種字形，將「彐」最下方那一橫拉長（彐），中間那一橫與手臂的「彐」拉為一條線（彐），就變成現在的「又」了。「鼓」原義是手拿鼓槌擊打豎立的鼓面的景象，引申出「打鼓」和「鼓」的意思。

「鼓」的故事

優人神鼓（鼓）的表演者，手拿著鼓棒（支）用力擊打豎立在一旁的大鼓（壴），彭！彭！的聲響，真震撼人心。

198

3

彭 ㄆㄥˊ

彭 → 壴 + 彡

⇕ ⇕ ⇕

彭 壴 彡

⇕ ⇕ ⇕

彭 壴 彡

「彭」的解說

「彭」是「彭」的古文，由「壴」和「彡」組成。

「彭」的甲骨文為「彭」。其中「壴」是鼓的形象，「豆」為鼓上的裝飾品，而「壴」則為立於鼓架上的皮鼓。「彡」顯示鼓敲擊起來的聲波震動，造字的人把空氣中看不見的震動聲音，刻劃成實像讓它顯現出來。故「彭」的造字本義即為：擊打鼓面時發出的震耳「彭！彭！」聲響。而鼓立於鼓架上的樣子與古人盛裝肉類的器皿「豆」（豆）的古文形體相似，故鼓字中出現了「豆」這個部件。

「彭」的故事

用力擊打大鼓（壴）時，發出震耳的聲波（彡），彭！彭！彭！（彭），非常震撼人心。

澎 ㄆㄥˊ

澎 → 氵 + 彭

⇕   ⇕   ⇕

（篆文澎）   （篆文氵）   （篆文彭）

⇕   ⇕   ⇕

（金文澎）   （金文氵）   （金文彭）

「澎」的解說

「（古文澎）」是「澎」的古文，由「（氵）」和「（彭）」組成。

「（氵）」是水的意思，甲骨文作「（甲骨水）」，是水流紋路狀。當水被當成部件，需要和別的部件組合在一起時，就寫成「氵」。

「（彭）」是「彭」的古文，甲骨文作「（甲骨彭）」。其中「（壴）」是鼓的形象，「（壴上飾）」為鼓上的裝飾品，而「（壴鼓）」則為立於鼓架上的皮鼓。「彡」顯示鼓敲擊起來的聲波震動，造字的人把空氣中看不見的震動聲音，刻劃成實像讓它顯現出來。故「彭」的造字本義即為：擊打鼓面時發出的聲響。

「（彭）」加上「（氵）」意指水拍打岸邊發出如鼓聲一般彭彭的聲音。

「澎」的故事

澎（澎）湖海邊的海水（氵）不斷拍擊著岸邊的礁石，發出如鼓聲一般彭！彭！（彭）的聲音。

200

5

樹ㄕㄨˋ

樹　→　木　+　尌

⇕　　　⇕　　　⇕

「樹」的解說

「樹」是「樹」的古文，由「木」和「尌」組成。

「尌」為「尌」的小篆寫法。其中「壴」形狀像豎立的鼓形：「壴」像鼓上的裝飾品，「壴」像立於鼓架上的皮鼓。在「壴」旁加上「寸」（手），則表示手將鼓豎立起來之意。若再把代表植物、樹木的「木」加上去，就成了「樹」，正是表示著植物、樹木都有背地生長性，都會豎立的長在土地上的意思。

「寸」是「寸」的古文，由代表右手的「寸」和「一」組合，是指手掌到有脈搏處的長度為一寸，手腕動脈處為寸口，在此代表「手」。

「樹」的故事

樹木（木）的生長有背地性特質，植株無法平舖在地上，得直立起來才會成挺立的大樹（樹），這就像打鼓時需要手（寸）將鼓（壴）豎立起來（尌）才能擊出宏亮聲響一樣的道理。

201

「來」的解說

「」是「來」的古文，「」上半部像結實下垂的麥穗，「」兩側像麥葉，而「」下半部則像麥根深入泥土的形狀，這是古時「麥」的原字，後來被假借當作有行動涵義的來去的「來」字義用。

「來」的用法

「來」的本義為麥株的根深入泥土，且長有結實下垂的麥穗及麥葉，如今可單用，被假借當作來去的「來」字義用，也可做偏旁用。與「來」組成的字，大多與小麥相關涵義有關。

麥ㄇㄞˋ

麥 → 來 + 夂

「麥」的解說

「麥」是「麥」的古文，由「來」與「夂」組成，就是麥子和腳。

「來」是「來」的古文，是麥子的具體形象，「來」上半部像結實下垂的麥穗及麥葉，而下半部則像麥根深入泥土的形狀，這是古時「麥」的原字，後來被假借當作有行動涵義的「來」用。

「夂」是腳趾的古文，其演變過程為：「　」→「　」→「　」→「夂」→「夕」，在這裡有腳步慢行的意思。

麥子下種於秋季，需至明年的夏季才能收穫，生長速度相當遲緩，於是古人將麥生長緩慢遲遲未進入成熟的情形，以麥子（來）加上腳（夂）來體現遲遲未「來」的行動涵義。時代演變，今人卻將「來」和「麥」交互錯用下去了。

「麥」的故事

麥（麥）子下種於秋季，需至明年的夏季才能收穫，生長速度相當遲緩，這種成長腳步（夂）進行緩慢，成熟期遲遲不來（來）的情形，讓農人等得太辛苦了。

3

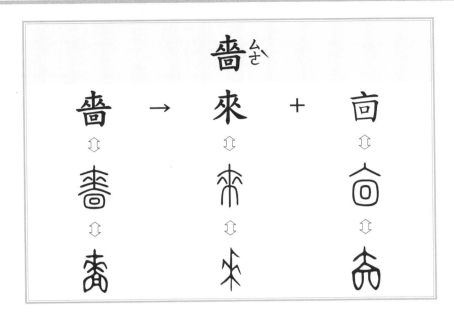

「嗇」的解說

「𣏗」是「嗇」的古文，由「來」和「亩」組成。

「來」是「來」的古文，「來」上半部像結實下垂的麥穗及麥葉，下半部則像麥根深入泥土的形狀，在此指所有的穀類。

「亩」和「亩」都是「亩」的古文，是簡易收納穀物的糧倉形，「亩」像屋形糧倉的屋頂，「亩」則為內納穀糧的空間。

「來」是「麥」的本字，指所有的穀類，「亩」是「亩」的古文，是儲存穀物的糧倉，組合後整字的意思是待麥子收穫後收藏於糧倉中。「嗇」本義是愛惜得來不易的穀物，如今被借用於捨不得花用「吝嗇」之義，而原義字呢？就加了表示五穀的「禾」字的「穡」來代替。

「嗇」的故事

農人耕種麥穀（來）是很辛苦的，常常將所有收成的麥子都一粒不剩的收在糧倉（亩）裡，這種本來是珍惜得之不易的穀物的行為，卻被誤解為吝嗇（𣏗），真是大誤會呀！

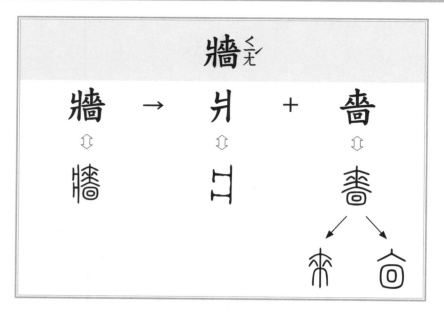

「牆」的解說

「牆」是「牆」的古文，由「爿」和「嗇」組成。

「嗇」可分解為「來」及「靣」。「來」是「來」的古文，更早的古文「來」上半部像結實下垂的麥穗及麥葉，而下半部「來」則像麥根深入泥土的形狀，在此指所有的穀類。「靣」是簡易收納穀物的糧倉形，「靣」像屋形糧倉的屋頂，「靣」則為內納穀糧的空間。所以「嗇」在這裡的意思是收藏麥子穀物的糧倉。

「爿」是「爿」的古文，是「木」的縱剖一半狀，也含有木片、木板之義。

「牆」本義為存放麥子穀物糧倉的圍牆，圍牆是直立片狀的，所以有「嗇」有「爿」。後引申「牆」為一切用磚、石等砌成，可作間隔或屏障的建築，如「磚牆」、「城牆」。

「牆」的故事

農人將麥子、穀物（來）等收穫存放在糧倉（靣），早期糧倉的圍牆（牆）是將木頭縱剖成片狀（爿）再豎圍而成的。

5

差 ㄔㄚ（搓 ㄘㄨㄛ）

差 → 來 + 左
⇕　　⇕　　　⇕
（古文字形）　（古文字形）　（古文字形）
⇕　　⇕　　　⇕
（古文字形）　（古文字形）　（古文字形）

「差」的解說

「（古文）」是「差」的古文，由「（來）」和「（左）」組成。

「（來）」是「來」的古文，更早的古文「（來）」上半部像結實下垂的麥穗及麥葉，而下半部「（來）」則像麥根深入泥土的形狀，是麥子的寫實狀，指禾麥類農作物。「（左）」由左手（（手））和工具（工）組合，在此指手部動作而言。

「（差）」表示以手搓麥穗，而有磨治、精選之意，是「搓」字初文。而後，「（差）」由「精選比較」之義引申為「區別」，如「差不多」、「差點兒」。之後又引申為失當、錯誤，如「此言差矣」、「走差了路」。最終「差」字原義回不去，只好將「差」另加上「扌」的部首成了「搓」，以表示「手搓麥穗」的意思。

「（差）」更早的古文「（差）」，「（差）」上半部代表手拿麥子的部件「（羊）」，楷化後成「羊」。

「差」的故事

農人種麥穀（（來））收成後要將麥芒加以磨治，常常看到農人徒手（（手））拿著麥穗（（羊））搓磨，這種方式效果很差（（差）），倒不如善用工（工）具的好。

二十九 虎

①

虎 ㄏㄨˇ

「虎」的解說

「」、「」、「」都是「虎」的古文，「」字形呈現虎巨口利牙全身紋路，還帶一條長尾巴。文字線條化後，身體紋路、腳、尾巴等逐漸簡化成「」，到了「」，巨口利牙全改變了，身體後腳和尾巴也成了「」。後來文字楷化成了「虎」，代表一隻完整的老虎。當「虎」與其他部件相結合時，便以虎頭「」代表整隻老虎。

「虎」的用法

「虎」的本義為張著大嘴、有龐大身軀且帶有花紋的老虎，如今可單用也可做偏旁，凡是含有「虎」或「虍」部件的字大多與虎類動物等義有關。

2

戲 ㄒㄧˋ

戲 → 虍 + 戈

(古文字形演變圖：戲、虍、戈三組字各有三階段演變)

「戲」的解說

「戲」是「戲」的古文，由「虍」、「豆」和「戈」組成。

「虍」、「虍」、「虍」都是「虎」的古字，「虍」字形呈現虎巨口利牙全身紋路，還帶一條長尾巴。之後身體紋路、腳、尾巴等逐漸簡化成「虍」，到了「虍」，巨口利牙改變了，身體尾巴也成了「几」，後楷化成了「虎」，與其他部件相結合時，便以虎頭「虍」代表整隻老虎。

在此「虍」代表戴著虎頭面具，「豆」是「豆」的古文，在「戲」古文中，紅色標註部分是樂器（鼓）豎立在樂架上的樣子，它與古人盛裝肉類的器皿「豆」（豆）形體相似，但在此「豆」代表樂鼓，與器皿和豆子都無關。「戈」是「戈」的古文，是古代有銳利刀刃的長柄兵器，其字形演變為：「戈」→「戈」→「戈」。故「戲」整字涵義：在鼓（豆）聲中，人戴著虎頭面具（虍），拿著武器（戈）比武角力，這是習武之人的一種遊戲。

「戲」的故事

古時候習武之人帶著虎頭面具（虍），在鼓（豆）聲中拿著武器（戈）比武角力，這是習武之人的一種遊戲（戲）。

210

③

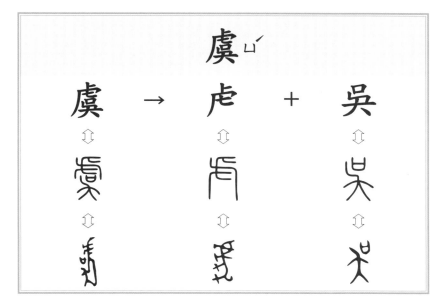

虞 ㄩˊ

虞 → 虍 + 吳

 「虞」的解說

「虞」是「虞」的古文，由「虍」和「吳」組成。

「𧆞」、「𧆧」、「虍」都是「虎」的古文，「𧆞」字形呈現虎巨口利牙全身紋路，還帶一條長尾巴。之後身體紋路、腳、尾巴等逐漸簡化成「𧆧」，到了「虍」，巨口利牙改變了，身體尾巴也成了「几」，後楷化成了「虎」，與其他部件相結合成合體字時，便以虎頭「虍」代表整隻老虎。

「吳」是「吳」的古文，由「口」和「大」組成，指開口唱歌（口）和歪頭（大）跳舞娛樂者，是「娛」的初文。現今專做姓氏使用，另外把「吳」加上「女」部首成「娛」，以此來表示跳舞娛樂的意思。

比「虞」更早的古文為「𧆧」，整字的涵義為：人們戴著虎頭面具，邊唱歌、邊跳舞娛樂著。

「虞」的故事

虞（虞）姓家族重習武，以征服老虎為樂，他們的娛樂之一就是表演的人帶著虎頭面具（虍），一邊開口（口）唱歌、一邊歪著頭（大）跳舞，以表示自己的威武快樂呢。

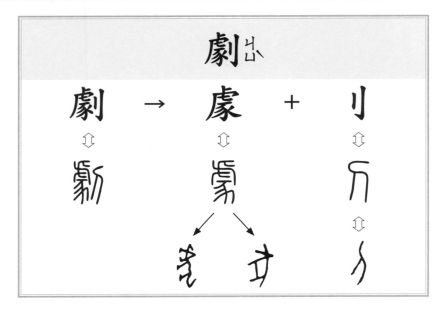

「劇」的解說

「劇」是「劇」的古文，由「虍」和「豕」和「刀」組成。

「𧆜」、「𧈿」、「虎」都是「虎」的古字，「𧆜」呈現虎巨口利牙全身紋路，還帶一條長尾巴。之後逐漸簡化成「𧈿」，到了「虎」，巨口利牙改變了，身體尾巴也成了「几」，後楷化成「虎」，與其他部件相結合時，便以虎頭「虍」代表整隻老虎。

「豕」是「豕」古文，更具象的古字為「𤣥」，就像一隻豎起來的豬隻，「𤣥」為張口的豬頭，「𤣥」為豬的四肢和身體，「𤣥」為豬的背部和尾巴。「劇」本義為野豬和老虎強而有力的激烈纏鬥，引申為爭鬥激烈，後來其中的「力」（刀）訛變成「刀」，最後成為「劇」（劇）。古人也愛看這種劇烈的動物格鬥，他們把它當作是看戲劇一樣。

「劇」的故事

古時候中國人也看動物格鬥，常常讓野豬（豕）和老虎（虍）兩隻凶猛的野獸（劇）激烈纏鬥，最後再拿刀（刀）將倖存者結束掉，這種動物間劇（劇）烈的爭鬥，古人當作看戲劇一樣，實在殘忍。

5

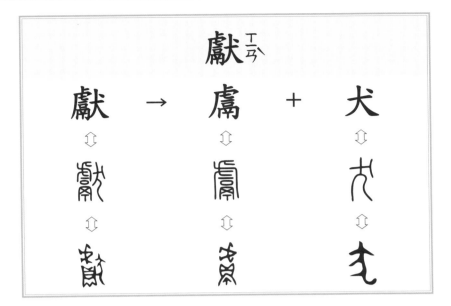

獻 ㄒㄧㄢˋ

獻 → 虍 + 犬

「獻」的解說

「獻」是「獻」的古文，由「虍」、「鬲」和「犬」組成。

「虍」源於「虎」，「虎」是「虎」的古文，「虍」代表虎頭，「几」代表尾巴，與其他部件相結合時，便以「虍」代表整隻老虎。「鬲」是「鬲」的古文，更早的古文為「鬲」，是古代通行的陶製炊具，多拿來煮粥，為了增加與火的接觸面，所以三足都是空心且分離的。「虗」代表刻有虎紋裝飾的炊具，乃代表其尊貴。「犬」是「犬」的古文，更早的古文為「犬」，像犬側面直立之形，「犬」為犬頭，「犬」像身軀、腹部和二腳，「犬」像犬尾，活靈活現的展現犬形。

「虗」和「犬」組合成「獻」，涵義為用虎紋裝飾的尊貴炊具盛著狗牲，進獻給宗廟的神明享用。

「獻」的故事

古人不只將牛牲、羊牲拿來進獻（獻），有時還用虎（虍）紋裝飾的尊貴炊具（鬲）盛著狗（犬）牲，進獻給宗廟的神明享用。

「衣」的解說

　　「」是「衣」的古文，字形像古人所穿的上衣樣子，上面的人字形（）是衣領，兩邊開口處（）是衣袖，下面交叉（）的是衣襟。衣的字形演變為：「」→「」→「」→「衣」→「衤」。「衣」可單獨使用，有時也以「衤」形態與其他部件組合成合體字，如「初」。

「衣」的故事

　　古人所穿的衣（）服跟我們現在的不一樣，是沒有扣子、在胸前交疊的交衽衣服，有點像日本的和服。

裘 ㄑㄧㄡˊ

「裘」的解說

「𧚍」是「裘」的古文，由「求」和「𧘇」組成。

「求」是「求」的古文，「求」下面紅色標示意指動物的皮毛，「求」上面紅色標示則是一隻右手，二者結合表示手拿著動物的皮毛；「𧘇」及「衣」皆為「衣」的古文，很像古人所穿的上衣樣子，上面的人字形（衣）是衣領，兩邊開口處（衣）是衣袖，下面交叉（衣）的是衣襟。

「𧚍」表示由動物皮毛做成的衣服，即皮衣的意思，「裘」更早的古文為「裘」，更傳神顯現皮衣的樣貌，上半部兩側缺口處是衣袖（裘），下半部是皮衣外翻的毛（裘）。

「裘」的故事

皮裘（𧚍）是用手剝取動物皮毛（求），再用這些皮毛製作成的保暖衣（衣）服，也就是現在的人所說的「皮草」。

216

3

初 ㄔㄨ

初 → 衤(衣) ＋ 刀

⇕　　　⇕　　　⇕

⇕　　　⇕　　　⇕

「初」的解說

「　」是「初」的古文，由「　」和「　」組成。

「　」是「衣」的古文，字形像古人所穿的上衣樣子，上面的人字形（　）是衣領，兩邊開口處（　）是衣袖，下面交叉（　）的是衣襟。字形演變為：「　」→「　」→「　」→「衣」→「衤」。

「　」是「刀」的古文，上部「　」是刀柄，下部「　」是刀頭，組合起來就是「刀子」的形狀。

由「　」和「　」組成的「　」，就是拿剪刀剪裁衣服。由於製作衣服之前，第一步驟必須先用刀剪裁出衣服的形狀，所以「初」字有「起始」、「第一道」等意思。

「初」的故事

在製作衣服之前，起初（　）的第一步驟必須先用剪刀（　）剪裁出衣服（　）的形狀。

217

1

青 ㄑㄧㄥ

青 → 生 + 月

⇕   ⇕   ⇕

青   生   月

⇕   ⇕   ⇕

青   生   月

「青」的解說

「青」是「青」的古文，由「生」和「月」組成。

「生」是「生」的古文，代表草從土裡生長出來的樣子，「生」下面是「土」，也有「土」形體，都是「土」的古文，是地平面上高出的小土堆的意思，「生」上面是青草。

「月」是「井」的象形文字，清清楚楚的展現出古井的特徵，四邊的線條代表防止井邊緣土塊崩落的木條，中間的一點表示井裡是有水的。

二部件組合後的字義是：在常有水分潤澤的井旁長出的草，青就是這種草的顏色。因為此種狀況下長出的草是最佳、最青翠的，所以是草中的精華亮點。因此「青」帶有精、亮之涵義。

「青」的故事

在井邊汲水常會潑灑出來，泥土因此而得水分潤澤，所以在井（月）邊生（生）長出的青（青）草，常是最青翠、最佳的狀態。

219

2

清 ㄑㄥ

清 → 氵 + 青

清↕ 氵↕ 青↕

𤂒 𣲑 𤯳

↕ ↕

𣱱 𤯳

↙ ↘

𡳿 + 井

「清」的解說

「𤂒」是「清」的古文，由「𣱱」和「𤯳」組成。

「𤯳」是「青」的古文，更早的古文如「𤯳」，由「𡳿」和「井」組成。「𡳿」是「生」的古文，代表草從土裡生長出來的樣子。「井」是「井」的象形文字，清清楚楚的展現出古井的特徵。二字組合後的字義是：在常有水分潤澤的井旁長出的草，青就是這種草的顏色。因為此種狀況下長出的草是最佳、最青翠的，所以是草中的精華亮點。因此「青」帶有精、亮之涵義。清（𤂒）水就是水（𣱱）很清澈、透亮，是水的最佳狀態，所以由「𣱱」和「𤯳」組成。「𣱱」是水的古文，成為部首後以「氵」形態出現。

「清」的故事

清（𤂒）水就是水（𣱱）很清澈、透亮，是水的最佳狀態。就像井（井）邊生（𡳿）長出的青青（𤯳）草色，令人眼睛為之一亮。

220

3

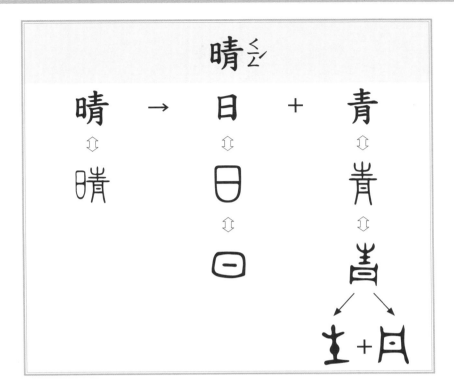

晴 ㄑㄧㄥˊ

晴 → 日 + 青

⇕　　　⇕　　　　⇕

晴　　　日　　　靑

　　　　⇕　　　　⇕

　　　　日　　　崶

　　　　　　　↙　↘

　　　　　　　生 + 井

「晴」的解說

　　「晴」是「晴」的古文，由「日」和「青」組成。

　　「日」是「日」的古文，更早的古文是「日」，是依據太陽形象所造的字，外圍一圈是太陽的輪廓，中間一橫代表太陽所發出的光亮。

　　「青」的古文為「靑」，更早的古文是「崶」，由「生」和「井」組成。「生」就是「生」的古文，代表草從土裡生長出來的樣子。「井」是「井」的象形文字，清清楚楚的展現出古井的特徵。二字組合後的字義是：在常有水分潤澤的井旁長出的草，青就是這種草的顏色。因為此種狀況下長出的草是最佳、最青翠的，所以是草中的精華亮點。因此「青」帶有精、亮之涵義。

　　天色亮曰「晴」，「晴」便是青色乾淨的天空裡，有著明亮的太陽，這使人看了有清新明朗的感覺。

「晴」的故事

　　耀眼的太陽（日）在青色（青）的天空中綻放光芒，今天真是個美好、明亮的大晴（晴）天。

4

精 ㄐㄧㄥ

精 → 米 + 青
⇕   ⇕   ⇕
精   米   青
          ⇕   ⇕
          米   青
          ⇕   ↙ ↘
          ⼩⼩⼩   生 + 井

「精」的解說

「精」是「精」的古文，由「米」和「青」組成。

「米」、「米」是「米」的古文，更早的古文是「⼩⼩⼩」，是稻穗梗上佈滿穀粒的樣子，而穀粒是米粒的前身，米字的字形演變為：「⼩⼩⼩」→「米」→「米」。

「青」是「青」的古文，更早的古文如「青」，由「生」和「井」組成。「生」是「生」的古文，代表草從土裡生長出來的樣子。「井」是「井」的象形文字，清清楚楚的展現出古井的特徵。二字組合後的字義是：在常有水分潤澤的井旁長出的草，青就是這種草的顏色。因為此種狀況下長出的草是最佳、最青翠的，是草中的精華亮點，因此「青」帶有精、亮之涵義。

精（精）米就是將米（米）中的稻殼、雜質去除，留下白晰透亮最精華的部分，所以由「米」和「青」組成。

「精」的故事

精（精）米就是將米（米）中的稻殼、雜質去除，留下白晰透亮最精華的部分，就像井（井）邊生（生）長出的青青（青）草色一樣令人喜愛。

5

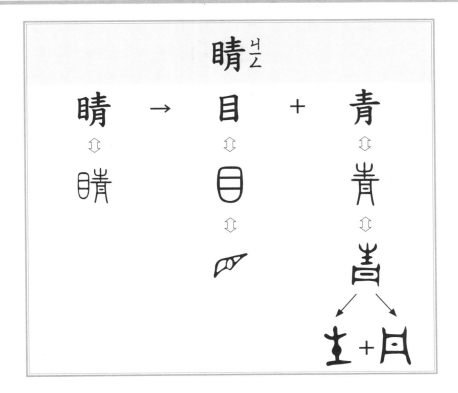

「晴」的解說

「睛」是「晴」的古文，由「目」和「青」組成。

「目」是「目」的古文，更早的古文是「⌒」，是依據一隻眼睛的形象所造的字。外側輪廓是眼眶，裡面是眼珠，後來演變成「皿」，為了方便寫在竹簡上，於是使之豎直成「目」。

「青」是「青」的古文，更早的古文如「青」，由「生」和「丹」組成。「生」是「生」的古文，代表草從土裡生長出來的樣子。「丹」是「井」的象形文字，清清楚楚的展現出古井的特徵。二字組合後的字義是：在常有水分潤澤的井旁長出的草，青就是這種草的顏色。因為此種狀況下長出的草是最佳、最青翠的，是草中的精華亮點，因此「青」帶有精、亮之涵義。

因此當「青」（青）加上「目」（目），便表示明亮清澈帶有淡青色的雙眸，即是「睛」這個字的涵義。

「晴」的故事

那位少女長得眉清目（目）秀，尤其是她那明亮清澈的眼睛（睛），眼白處還帶點淡青（青）色，特別吸引人。

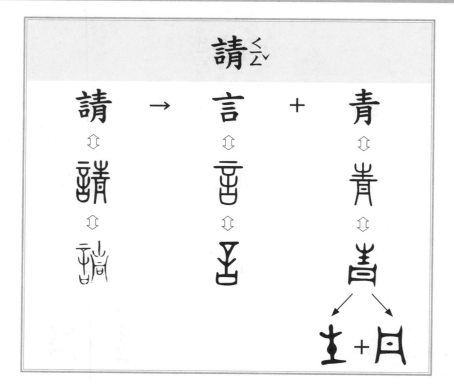

「請」的解說

「𧬫」是「請」的古文，由「𧩙」和「青」組成。

「𧩙」是「言」的古文，甲骨文作「𠯑」，在舌頭（𠯑）上加一指示符號「一」，表示振動舌頭發出聲音說話之意。又「𠯑」是「舌」的古文，「𠯑」是舌頭，「𠯑」則是口腔，表示口腔內辨別味道的器官。

「青」是「青」的古文，金文作「𡗜」，由「生」和「井」組成，表示井邊生意盎然的草色。「生」是「生」的古文，「井」是「井」的象形文字，二字組合後的字義是：在常有水分潤澤的井旁長出的草，青就是這種草的顏色。因為此種狀況下長出的草是最佳、最青翠的，是草中的精華亮點，故「青」帶有精、亮及美好之意。所以「請」（𧬫）便是使用最好的話語，希望對方接受自己的邀請或請求。

「請」的故事

青（青）年人在邀請（𧬫）他人時，一定要說（𧩙）有禮貌的好話，才是有誠意的表現。

「戈」的解說

　　「戈」是「戈」的古文，是古代有銳利刀刃的長柄兵器，甲骨文作「十」，其紅色標註處「十」像「戈」的帽和長柄，「十」像利刃，下面「十」像鐏（矛戟類兵器柄末的金屬套）插入地中，其字形演變為：「十」→「戈」→「戈」。

「戈」的用法

　　「戈」本義為古代長柄橫刃的兵器，如今可做偏旁也可單用，凡由「戈」所組成的字，都與「兵器」、「殺傷」等義有關。

2

戌

戍 → 人 + 戈

戍 ⇕ ⇕ ⇕

⇕ 戈 戈

戍 人 土

「戍」的解說

「戍」是「戍」的古文，由「人」和「土」組成。

「戍」右邊為「戈」的甲骨文「土」，是古代銳利的刀刃兵器，其紅色標註處「戈」像「戈」的帽和長柄，「戈」像利刃，下面「土」像鐓插入地中。

「戍」左邊是個人形，但與「伐」（伐）不同。二者的不同在於人與武器的相對位置，「伐」字刀刃加在人的頸部，所以是將人的頭頸砍下，有攻擊、殺戮的意思；「戍」字人在戈（武器）的下面，表示人肩荷長戈戍守邊疆。

「人」是側面站立的人，其字形演變為：「人」→「人」→「人」→「亻」。「人」在此演化成紅色標註「戍」的樣子。

「戍」的故事

古代戍（戍）守邊疆，只看到士兵（人）的肩上扛著長長的戈（土），以現代的觀點來看，好像防衛還不夠。

227

3

<table>
<tr><td colspan="5" align="center">伐 ㄈㄚˊ</td></tr>
<tr><td align="center">伐</td><td align="center">→</td><td align="center">人</td><td align="center">+</td><td align="center">戈</td></tr>
<tr><td align="center">⇕</td><td></td><td align="center">⇕</td><td></td><td align="center">⇕</td></tr>
<tr><td align="center"></td><td></td><td align="center"></td><td></td><td align="center"></td></tr>
<tr><td align="center">⇕</td><td></td><td align="center">⇕</td><td></td><td align="center">⇕</td></tr>
</table>

「伐」的解說

「杙」是「伐」的古文，由「𠂤」和「𠦴」組成。

「杙」右邊為「戈」的甲骨文「𠦴」，是古代銳利的刀刃兵器，其紅色標註處「𠦴」像「戈」的帽和長柄，「𠦴」像利刃，下面「𠦴」像鐏插入地中。

「杙」左邊是個人形，但與「伐」（戍）不同。二者的不同在於人與武器的相對位置，「杙」字刀刃加在人的頸部，所以是將人的頭頸砍下，有攻擊、殺戮的意思。「伐」字人在戈的下面，表示人肩荷長戈戍守邊疆。

「𠂤」是側面站立的人，其字形演變為：「𠂤」→「尺」→「人」→「亻」。

「伐」的故事

古代的征伐（杙）就是以銳利刀刃兵器戈（𠦴）攻擊、殺害人（𠂤）的頭部，也就是以武力攻打的意思。

4

戒 ㄐㄧㄝˋ

戒 → 戈 + 廾

⇕　　　⇕　　　⇕

（古文）（篆文）（篆文）

⇕　　　⇕　　　⇕

（甲骨文）（甲骨文）（甲骨文）

「戒」的解說

「戒」是「戒」的古文，由「廾」和「戈」組成。

「廾」是雙手的形狀，左手（𠂇）和右手（又）合在一起表示雙手之意。「又」是一隻手指「𠂌」、手掌「又」明顯，且有向右下延伸的右手臂「又」，古人常用三指來代表五指，左手（𠂇）亦然。

「戈」為銳利的刀刃兵器，其紅色標註處「戈」像「戈」的帽和長柄，「戈」像利刃，下面「戈」像鐏插入地中。

「廾」和「戈」結合在一起表示：雙手拿著銳利的武器來「戒備」或保護國土與人民。「廾」在此演化成「戒」紅色標註的樣子。

「戒」的故事

古時候，士兵用雙手（廾）拿著銳利刀刃兵器戈（戈）來戒（戒）備或警戒，以防備敵人入侵或攻擊。

⑤

戎 → 戈 ＋ 十

戎 戈 甲

戎 戈(士) 十

「戎」的解說

「戎」是「戎」的古文，由「十」和「戈」組成。

「十」和「甲」都是「甲」的古文，「甲」是像草木長出來時，還戴著裂開種子外皮的樣子，後來引申為：凡是物體外部可以作為保護的硬殼都叫「甲」。古文書寫於甲骨上要刻劃圓形相當不易，故「戎」紅色標示處便易刻劃成「十」。

「戈」是「戈」的金文，為古代銳利的刀刃兵器，甲骨文作「十」，「十」紅色標註處像「戈」的帽和長柄，「十」像利刃，下面「士」像鐵插入地中。

「甲」和「戈」都是保護士兵的裝備，因此用「甲」和「戈」來代表「兵戎」，所以「戎」就成了兵器的總稱。

「戎」的故事

古代多爭戰，各國常常兵戎相見，但他們的武器也不是多發達，大部分是銳利且有攻擊性的戈（戈），和保護士兵身體的盾甲（甲）。有時盾甲背後也做成粗寬的「十」字形握把比較方便手握。所以他們號稱的兵戎（戎）也只不過是戈和甲而已，不如我們現代的武器。

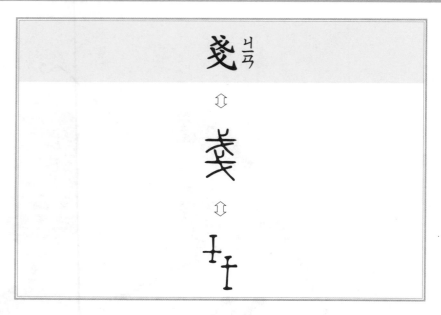

戔 ㄐㄧㄢ

⇕

𢦏

⇕

🇹🇹

「戔」的解說

　　「𢦏」是「戔」的古文，更早的古文如「🇹🇹」，像兩個有橫刃的長柄兵器（🇹）上下交疊，這表示雙方短兵相接，互相廝殺，造成損害傷亡。而大動干戈的結果往往都會使殘存下來的人或物變少了，所以「戔」引申有「小、少、薄」的涵義。

「戔」的用法

　　「戔」的本義為上下交疊的長柄兵器，短兵相接，互相殘殺的意思。如今可做偏旁也可單用，凡由「戔」所組成的字都與「傷殘」、「細小」等義有關。

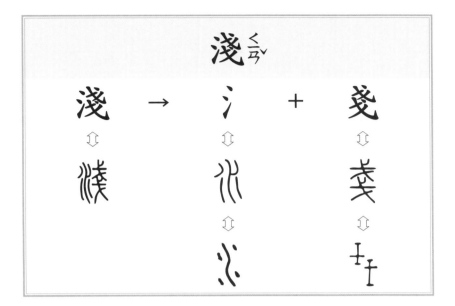

「淺」的解說

「{水}」是「淺」的古文，由「{水}」和「{戔}」組成。

「{水}」是「水」的古文，甲骨文作「{水}」，是水流紋路狀。當水變成部首，需要和別的部件組合在一起時，就要寫成「氵」。

「{戔}」是「戔」的小篆，更早的古文如「{戔}」，像兩個有橫刃的長柄兵器（{干}）上下交疊，表示雙方短兵相接，互相廝殺，造成損害傷亡。而大動干戈的結果往往都會使殘存下來的人或物變少了，故「戔」引申有「小、少、薄」之意。

在「淺」這個字中，「戔」即是利用戈戟利器的意象，以比喻水流中聳立露出的岩石，因此「淺」造字本義即為因水位低，而使水中岩石露出。由於「戔」亦有「小、少、薄」之意，也表達出「淺」這個字就是水少不深之意。

「淺」的故事

小河的水（{水}）流中，露出了堆疊在一起像武器（{戔}）的銳利岩石，雖然水很淺（{淺}），但過河時還是得小心，不然一跌倒，可會頭破血流啊！

3

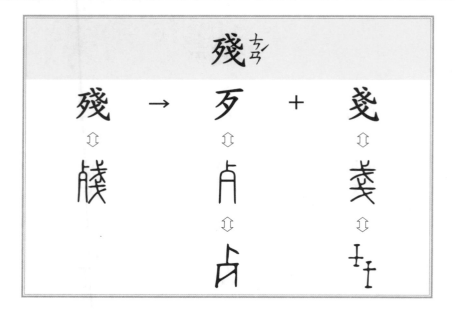

「殘」的解說

　　「㦡」是「殘」的古文，由「卢」和「㦷」組成。

　　「卢」是「歹」的古文，甲骨文作「卢」，其中「卢」像骨節之形，而「卢」則像有裂痕的殘骨。故「卢」的意思為枯骨殘破不全，後引申為「壞、惡」等意思。

　　「㦷」是「戔」的小篆，更早的古文如「┿┿」，像兩個有橫刃的長柄兵器（┿）上下交疊，表示雙方短兵相接。而大動干戈的結果往往都會使殘存下來的人或物變少了，故「㦷」便引申有「小、少、薄」之意。

　　古時戰爭，用兵器（┿）相互攻擊，而造成枯骨遍地或傷殘，所以在「㦷」旁邊加上「歹」的部首以表傷害、殘缺的意思。

「殘」的故事

　　古時戰爭，用戈（┿）這種兵器相互攻擊，短兵相接（㦷）的結果是枯骨（卢）遍野或傷殘（㦡）無數，真是殘（㦡）酷。

234

4

賤ㄐㄧㄢˋ

賤 → 貝 + 戔

⇕　　　⇕　　　⇕

賤　　　貝　　　戔

⇕　　　⇕　　　⇕

賤　　　貝　　　戔

「賤」的解說

「賤」是「賤」的古文，由「貝」和「戔」組成。

「貝」是「貝」的古文，甲骨文作「貝」，是打開的大貝殼。「貝」表示貝的外形及其兩道美麗花紋，「貝」則為貝的兩根口器。古人用「貝」作為原始貨幣，凡與財貨有關的字，均常有「貝」這個偏旁。

「戔」是「戔」的小篆，更早的古文如「戔」，像兩個有橫刃的長柄兵器（十）上下交疊，表示雙方短兵相接。而大動干戈的結果往往都會使殘存下來的人或物變少了，故「戔」便引申有「小、少、薄」之意。

在「賤」這個字中，「戔」表示使用利器進行破壞，而被毀壞的貝殼破碎不完整，失去作為貨幣的功能，因此「賤」造字本意即為毀壞貝殼，使其失去價值。所以「賤」就是沒有價值的意思。

「賤」的故事

大王戰敗了，滿屋子的美麗貝（貝）殼及珍寶都來不及帶走，就被敵國士兵們用兵器（戈）一刀刀（戔）的破壞，滿地的貝殼碎片，什麼價值都沒有，就被賤（賤）賣了。

5

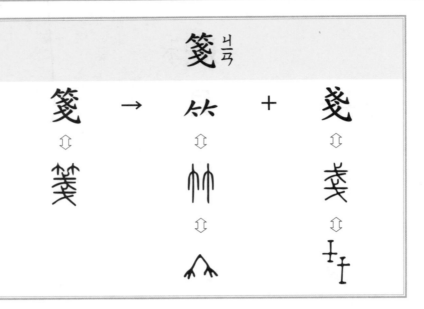

「箋」的解說

「箋」是「箋」的古文，由「⺮」和「䇂」組成。

「⺮」是「竹」的古文，甲骨文作「⋀⋀」，像兩根細竹枝上（⋀⋀）有六片垂下的葉子（⋀⋀）。當「竹」字被當成部件，寫成「⺮」。

「䇂」是「戔」的小篆，更早的古文如「╪╪」，像兩個有橫刃的長柄兵器（╪）上下交疊，表示雙方短兵相接。而大動干戈的結果往往都會使殘存下來的人或物變少了，故「戔」便引申有「小、少、薄」之意。

古代因竹子取材方便，便將文字寫在竹簡上，所以「箋」字有「竹」的部件；而「箋」亦呈現了「使用武器般的利刃將竹削成狹長小薄片」的意象，因此「箋」其義為：用於夾在竹簡中，針對竹簡中某些文字進行註解的小竹片。後來引申為供於簡易書寫的薄薄紙片。

「箋」的故事

古代人只要用兵器（戋）般的利刃將竹（⺮）子削成狹長的小薄片（䇂），就可以在上面寫下文字，夾在竹簡中，這是方便的小小書信箋（箋）呢！

三十四

申

乙

有生命的漢字 教師版
部件意義化識字教材

1

申 ㄕㄣ

⇕

（electric glyph）

⇕

（古文字形）

「申」的解說

「申」是「申」的初文，更早的古文為「」、「」，這是雷電閃爍、彎曲迴旋的象形，後來逐漸趨於線條化，講究左右對稱，便將紆曲的閃電變為形似兩手捧取的「」，也將縱貫天際的閃電主軸線拉直成「｜」；隸書則進一步變為「曰」形，而與「｜」形合為一體得「申」字形，已經失去「電光舒展閃爍」的圖像特徵，但還是有閃電、舒張等涵義。

「申」的用法

「申」本指閃電舒張形，可單用也可做偏旁使用，但後來「申」被假借為可伸展、延長之意，所以就再加個「雨」以強化閃電與下雨的同時性，寫作「電」。凡是含有「申」部件的合體字，大多與「閃電」或「伸展」的涵義有關聯。

238

2

電 ㄉㄧㄢˋ

電　→　雨　＋　申

⇕　　　⇕　　　⇕

靁　　　雨　　　𦥔

⇕　　　⇕　　　⇕

雲　　　𥊲　　　𢍄(𦥺)

「電」的解說

　　「雲」和「靁」都是「電」的古文，由「雨」和「𦥔」部件組成。

　　「𥊲」是「雨」更早的古文，「𥊲」上半部代表天空和厚厚的雲層，「𥊲」下半部的三小點是雨滴，後來篆書成「雨」。

　　「𦥔」是「申」的古文，更早的古文為「𢍄」、「𦥺」，這是雷電閃爍、彎曲迴旋的象形，後來逐漸趨於線條化，講究左右對稱，便將紆曲的閃電變為形似兩手捧取的「𦥔」，也將縱貫天際的閃電主軸線拉直成「｜」；隸書則進一步變為「日」形，而與「｜」形合為一體得「申」字形，已經失去「電光舒展閃爍」的圖像特徵。

　　古人觀察到天空雷電後常常伴隨著下雨的到來，所以「靁」字除了有雷電的符號「𦥔」也有代表下雨的部件「雨」才是貼切。

「電」的故事

　　雷電（雲）交加的天空，總是讓我們先看到閃電（𢍄），緊接著就下雨（雨）了。

3

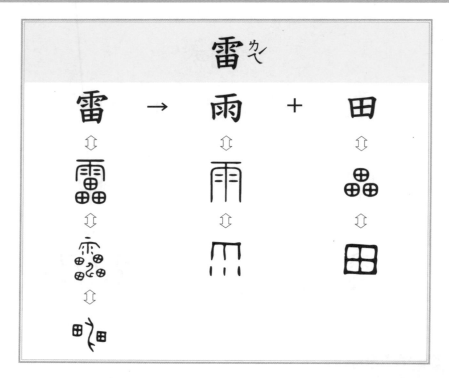

雷 ㄌㄟˊ

雷 → 雨 ＋ 田

「雷」的解說

「田乙田」是「雷」的古文，由「田」和「乙」組成。「乙」是天上閃電的紋路，在空曠的田野上，最容易看見閃電打雷了，所以古人用「乙」和「田」來體現在田野上看閃電打雷的情景。但打雷後緊接著就下雨，古人又覺得應該將「示」來替換「乙」，最後「雷」的字形就由三個「田」和「雨」組成的「靁」來呈現了。三個田代表雷雨落著眾多廣大農田上。

「爪」是「雨」更早的古文，「霝」上半部代表天空和厚厚的雲層，「霝」下半部的三小點是雨滴，後來篆書成「雨」。

「田」像田地的形狀，「田」外框像封界，內部的十字象徵稻田中的田間小路。

「雷」的故事

在空曠的田（田）野上，最容易看見閃電打雷（靁）了，打雷後緊接著就下雨，所以要看到精彩的打雷秀，就要把握在田（田）野和下雨（雨）前這兩個要點。

4

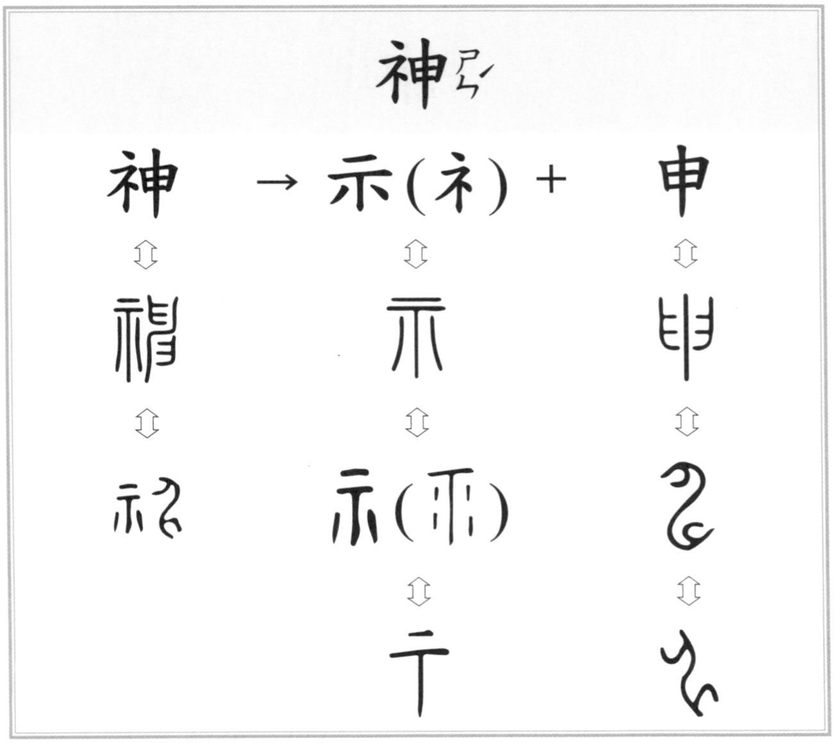

「神」的解說

「⿰示申」是「神」的古文，由「示」和「申」部件組成。

「申」是「申」的初文，更早的古文為「申」，是雷電閃爍、彎曲迴旋的象形，字形演變為「申」→「申」→「申」→「申」。

「丅」是「示」的古文，表示祭台，加了祭祀後的酒滴後成為「示」，最後定型為「示」，所以與「示」有關的字都與神鬼、祈祝之類的事有關。

古人認為神明與福禍有關，所以在表示雷電的「申」（申）加上與神鬼祈祝相關的「示」（示），就成了神明的「神」（⿰示申）。

「神」的故事

聽說以前的人求雨，需要在祭台（丅）上擺酒祭祀，祭祀後再將酒灑於祭台四周（示），有了這樣的祝禱，神（⿰示申）明才會打雷（申）下雨。

伸

伸 → 人（亻） ＋ 申

⇕　　　⇕　　　⇕

（古文）　　（人側面）　　（申古文）

⇕　　　⇕

（側面）　　（申更早古文）

「伸」的解說

「伸（古文）」是「伸」的古文，由「尺」和「申（古文）」部件組成。

「尺」由「側面」演變而來，是人的側面形象，作為部首使用時寫作「亻」。

「申（古文）」是「申」的古文，更早的古文為「古文」、「古文」，是雷電閃爍、彎曲迴旋的象形，後來逐漸趨於線條化，講究左右對稱，便將紆曲的閃電變為形似兩手捧取的「兩手」，也將縱貫天際的閃電主軸線拉直成「｜」；隸書則進一步變為「曰」形，而與「｜」形合為一體得「申」字形，已經失去「電光舒展閃爍」的圖像特徵。字形演變為「古文」→「古文」→「申古文」→「申」。

雷電因雲充滿了靜電，在摩擦放電後獲得釋放。所以「申」可引申為延長（電光閃爍線條延伸）、舒展等意。「申」加了「人」之後，「伸」（古文）是指人的身體和四肢，像閃電線條一樣延伸、舒展就是「伸展」。

「伸」的故事

人（尺）的身體和四肢，像閃電（申古文）線條一樣延伸，人的身體四肢得以伸（古文）展，這樣才會舒服。

242

1

 「臽」的解說

　　「甾」是「臽」的古文，由「勹」與「臼」兩者組成，「勹」是面向左屈身側立的人形，「臼」意指充滿荊棘或尖刺的深洞，結合起來的「甾」即為人掉入充滿危險的洞中。所以「臽」有「陷入」、「包覆」、「被危害」的意思。

「臽」的用法

　　「臽」本義為人掉入充滿危險的洞中的樣子。「臽」如今只做偏旁而不單獨使用，凡是含有「臽」部件的字大多與「陷入」、「包覆」或「被危害」的相關涵義有關聯。

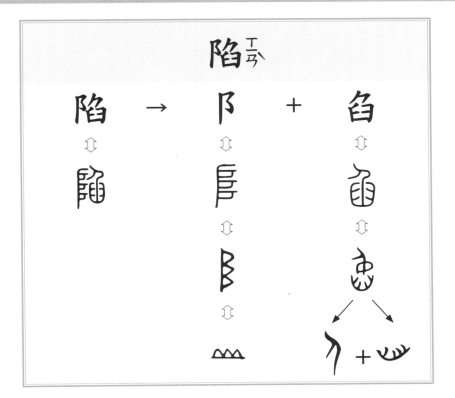

「陷」的解說

「𨸏」是「陷」的古文，由「𨸏」和「臽」組成。

「𨸏」是山坡層層疊起的樣子，原本為「ᐯᐯᐯ」，但受限於古代竹簡狹窄的寬度，所以改為直的「𨸖」，進而演變為「𨸏」。演變過程為：「ᐯᐯᐯ」→「𨸖」→「𨸏」→「阝」。

「臽」是由「𠂊」與「臼」組成，「𠂊」是面向左屈身側立的人形，「臼」意指充滿荊棘或尖刺的深洞，結合起來即為人掉入充滿危險的洞中。所以「臽」有「陷入」、「包覆」、「被危害」的意思。

古代狩獵，都會在山中挖洞，洞中放滿刺，讓不小心掉入的人或獵物無法逃離，這就是「陷阱」。

「陷」的故事

古代狩獵要做陷（𨸏）阱時，都會在山中（𨸏）挖洞，洞中放滿尖刺（臼），讓人（𠂊）或獵物掉入而無法逃離。

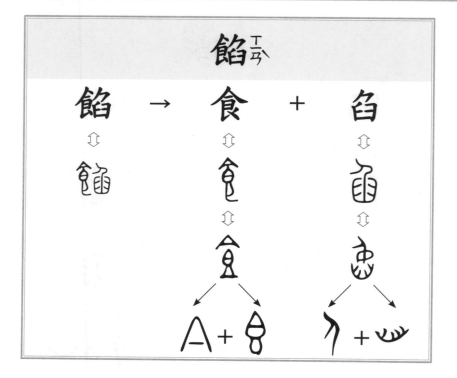

「餡」的解說

　　「餡」是「餡」的古文，由「食」和「臽」組成。

　　「食」為「食」的古文，更早的字形為「食」，由「亼」和「皀」組成。「亼」代表飯桶的鍋蓋；由「皀」字形可觀察出最下方是飯桶的底座，中間為裝飯的容器，最上方尖尖的部分表示飯，所以「食」指有鍋蓋的飯桶。古人主食為米飯，故「食」引申為與食物有關的意思，後也成為部首而簡化為「飠」，只要與食物或飲食有關的字多以「食」為部首。

　　「臽」是由「人」與「臼」組成，「人」意指人，「臼」意指充滿荊棘或尖刺的深洞，結合起來即為人掉入充滿危險的洞中，後來引申為包藏的意思。「餡」的涵義為將食物（食）包藏（臽）起來而成為內餡。

「餡」的故事

　　餡（餡）餅的做法很簡單，就是將煮好的食（食）材包藏（臽）在餅皮中，內部的肉菜就像人（人）掉入凹陷洞（臼）裡被包覆著。

諂 ^{ㄔㄢˇ}

諂 → 言 + 臽
⇕   ⇕   ⇕
䛼   䛔   臽
           ⇕   ⇕

                  ↙ ↘

                  勹 + 臼

「諂」的解說

「䛼」是「諂」的古文，由「䛔」和「臽」組成。

「䛔」是「言」的古文，更早的古文是「舌」，在舌頭（舌）上加一指示符號「一」，表示振動舌頭發出聲音說話之意。「言」的演變過程為：「舌」→「䛔」→「言」。

「臽」是由「勹」與「臼」組成，「勹」意指人，「臼」意指充滿荊棘或尖刺的深洞，結合起來即為人掉入充滿危險的洞中，後來引申為包藏的意思。

「諂」的涵義即為：將真話包藏起來，變成巴結、好聽的話，使人掉入圈套之中，難以分辨。

「諂」的故事

諂（䛼）媚的人，會用好聽的言語（䛔）把真相包藏（臽）起來，使人（勹）陷入謊言的凹洞（臼）內，頭腦不清而無法自拔。

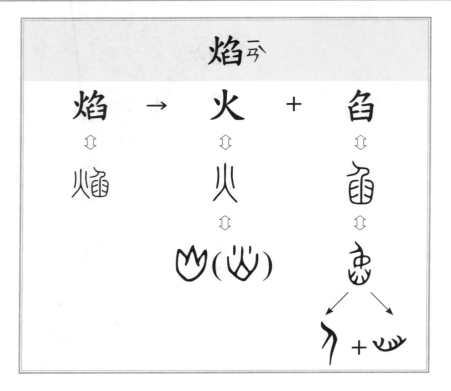

「焰」的解說

「灺」是「焰」的古文，由「火」和「臽」組成。

「🔥」為「火」的古代象形字，中間的主焰「🔥」變成「𠃊」、兩側的火苗「🔥」經過演變後成為「𠂇」，其字形演變為：「🔥」→「🔥」→「火」→「火」。

「臽」是由「亻」與「臼」組成，「亻」意指人，「臼」意指充滿荊棘或尖刺的深洞，結合起來即為人掉入充滿危險的洞中，後來引申為「包藏」的意思。

「焰」的涵義為：火（火）量不少且層層包藏（臽）在一起的火。

「焰」的故事

一點點的火叫「火苗」，而火（火）量不少且層層包藏（臽）在一起的火叫作「火焰（焰）」。內部的火就像人（亻）掉入凹陷洞（臼）裡被包覆著。

248

①

「繼」的解說

「繼」是「繼」的古文，「繼」是放在方櫃裡的一縷縷絲線，「繼」紅色標註處是一縷一縷的絲（絲），其他部分是放置絲縷的雙層櫃子。

「斷」、「繼」這二字是「斷」和「繼」的古文，這兩個形體上相似、方向相反的字，其實都是一樣的，當時的創意來自於紡織作業所遇的問題，絲亂了要用利器切斷再接續，故以絲線和利器等元素構形出來的字就有了「斷絕」及「繼續」等二義。

「繼」的用法

「繼」本義為方櫃裡放著一縷縷絲線的樣子，但與表示斷絕之意的「斷」方向相反，所以「繼」表示把斷了的絲線接續上。「繼」如今只做偏旁而不單獨使用，凡是含有「繼」部件的字大多有「接續、連續」的相關涵義有關。

2

繼 ㄐㄧˋ

繼 → 糸 + 㡭

⇕   ⇕   ⇕

（古文字形）   （古文字形）   （古文字形）（（古文字形））

                                  ↙   ↘

               ⇕

          （古文字形）   ヒ + （古文字形）

「繼」的解說

　　「㡭」是「繼」的古文，由「糸」和「㡭」組成。

　　「糸」更早的古文像一束絲（ 絲 ），「 絲 」中間是絲縷交纏的樣子，「 絲 」上下是二端的絲線，屬實體象形。其字形演變為：「 絲 」→「糸」→「糸」→「糸」。

　　「㡭」是放在方櫃裡的一縷縷絲線，「㡭」紅色標註處是一縷一縷的絲（ 88 ），其他部分是放置絲縷的雙層櫃子。

　　「 絲 」、「 㡭 」這二字是「斷」和「繼」的古文，這兩個形體上相似、方向相反的字，其實都是一樣的，當時的創意來自於紡織作業所遇的問題，絲亂了要用利器切斷再接續，故以絲線和利器等元素構形出來的字就有了「斷絕」及「繼續」等二義。

　　「㡭」加上「糸」側重在切斷的絲縷再用絲線接續，是「繼續」之意。

「繼」的故事

　　放在方櫃裡的一縷縷絲線（㡭）亂了要用利器切斷，之後還要用絲線（糸）接續起來，繼（繼）續完成一匹布。

斷 ㄉㄨㄢˋ

斷 → 𢇍 + 斤

「斷」的解說

「𣂪」是「斷」的古文，由「𢇍」和「斤」所組成。

「𢇍」是放在方櫃裡的一縷縷絲線。「斤」是「斤」的古文，像斧頭一般的利器，其中「斤」左上部像似橫向的利刃，左下像長長的手把「斤」，右下像刨下的木片「斤」。

「𢇍」紅色範圍是一縷一縷的絲（𢇍），其他部分是放置絲縷的雙層櫃子。「𢇍」與「𢇍」部件相同，當時的創意都來自於紡織作業所遇的問題，兩者方向相反是古人想凸顯「斷絕」及「繼續」兩個相反的涵義。

「𢇍」、「斤」組合起來的意思是：拿利斧把放在方櫃裡一縷縷的亂絲切斷，絲線亂了要用利器切斷表示「斷絕」，其側重在「利器分開」的部分。字形楷化後「斷」和「繼」紅色標註的部件方向又一致了。

「斷」的故事

當放置在方櫃（匚）裡一縷縷的絲線（𢇍）亂了糾纏在一起時，古人會拿利器（斤）先將絲切斷（斷），再做其他處理。

4

$$絕 → 糸 + 刀 + 巴$$

「絕」的解說

「絲」是「絕」的古文，由「糸」、「刀」及「巴」三部件組成。

其中的「糸」像一束絲「糸」，「糸」中間是絲縷交纏的樣子，「糸」上下是二端的絲線，屬實體象形。其字形演變為：「糸」→「糸」→「糸」→「糸」。

「刀」是「刀」的古文，上部「刀」是刀柄，下部「刀」是刀頭，組合起來就是「刀子」的樣子。「巴」像人屈腿而坐，「巴」紅色標註處是人的手，其他部分則是低平的頭部和彎曲的身體。

「絕」的涵義就是：跪坐的人（巴）拿刀（刀）把絲（糸）切斷以表示「斷絕」的意思，情景就像「孟母斷絲」一般。

「絕」的故事

古時，孟母正跪坐（巴）著紡紗織布，孟子逃學回來，孟母為了教導孟子學習不可半途而廢的道理，便拿著一把刀（刀）把絲線（糸）斷絕（絕），不再接續。

注音索引

254

注音索引

國家圖書館出版品預行編目（CIP）資料

有生命的漢字：部件意義化識字教材 / 李雪娥等著.
-- 初版 . -- 新北市：心理 , 2018.09
　面 ；　公分 . --（語文教育系列；48019）
教師版
ISBN 978-986-191-836-5（平裝）

1. 漢語教學　2. 識字教育　3. 小學教學

523.311　　　　　　　　　　　　　　107013461

語文教育系列 48019

有生命的漢字：部件意義化識字教材【教師版】

主　　編：李雪娥
作　　者：李雪娥、高佩茹、陳曉依、陳雅嫤、陳寶玉、陳凱玫、劉至瑜、劉蘋誼
執行編輯：陳文玲
總 編 輯：林敬堯
發 行 人：洪有義
出 版 者：心理出版社股份有限公司
地　　址：231026 新北市新店區光明街 288 號 7 樓
電　　話：(02) 29150566
傳　　真：(02) 29152928
郵撥帳號：19293172 心理出版社股份有限公司
網　　址：https://www.psy.com.tw
電子信箱：psychoco@ms15.hinet.net
排 版 者：龍虎電腦排版股份有限公司
印 刷 者：龍虎電腦排版股份有限公司
初版一刷：2018 年 9 月
初版五刷：2023 年 8 月
I S B N：978-986-191-836-5
定　　價：新台幣 450 元